Bamberg
Oberleinleiter 84
Heiligenstadt 82
Aufseß
88
86
Heckenhof
100 Obernsees
96 Truppach
80 Plankenfels
78 Waischenfeld
76 Pulvermühle
Voigendorf 70
66,68,71,74
Muggendorf
Ebermannstadt
34,36
58,60 Behringersmühle
46,48,50
Pottenstein
Leutzdorf 62
52
Hühnerloh
Hagenbach 32
64
Wannbach
42
Kirchenbirkig
30
Kirchehren-
bach
24
Wiesenthau
38,40 Obertrubach
Betzenstein
14
Regensberg 22
Hohenschwärz
20
15 Bernheck
44 Pegnitz
Gräfenberg 18
Schermshöhe 12
Fränkische Alb
Regnitz
Forchheim
nach Biebelried
Höchstadt
A 3
A 73
Main-Donau-Kanal
Erlangen
Kreuz
Fürth/Erlangen
A 3
Herzogenaurach
Nürnberg
Fürth
A 9
Lauf
Hersbruck
Pegnitz
Kreuz
Nürnberg

Symbole und Zeichen

eindrucksvolle Landschaft	markante Felsen
mittlere Steigungen	Höhle/ Grotte
stärkere Steigungen	teilweise schöne Aussicht
etwa zur Hälfte Wald	großartige Rundblicke
über die Hälfte Wald	lohnender Aussichtspunkt
Weinberge	Burgen und Schlösser
prägnanter Fluss/Bach	sehenswerte Sakralbauten
romantischer Wasserfall	historische Profanbauten
schöner See/ Teich	(!) auf die Wegführung achten

Abkürzungen

abw = abwärts
AP = Aussichtspunkt
AT = Aussichtsturm
aufw = aufwärts
br = breit
ger = geradeaus
gr = groß
i = Tourist-Info
kl = klein
li = links
Min = Minuten
ND = Naturdenkmal
NSG = Naturschutzgebiet
ÖZ = Öffnungszeiten
P = Parkplatz
P = Parkhaus
P = Tiefgarage
Pl = Platz
re = rechts
Ri = Richtung
Ru = Ruhetag
Std(n) = Stunde(n)
Str = Straße
Wbh = Wasserbehälter
Ww = Wegweiser
Z = Wegzeichen

Markierungsabkürzungen

MA = Markierungsanfang
OM = Ohne Markierung
MW = Markierungswechsel
LM = Lokalmarkierung

Wanderkarten

Fritsch Wanderkarte, 1:50000: Nr. 50: Oberes Maintal, Coburg, Lichtenfels, Staffelstein; Nr. 53, Blatt Süd: Naturpark Fränkische Schweiz, Veldensteiner Forst – Hersbrucker Alb; Nr. 65, Blatt Nord: Naturpark Fränkische Schweiz, Bayreuth – Kulmbach; Nr. 66: Bamberg, Forchheim; Fritsch Wanderkarte, 1:35000: Nr. 123: Gössweinstein, Pottenstein; Nr. 128: Südöstliche Fränkische Schweiz, Veldensteiner Forst.

Neue Auflage - Neue Wege
Neue Gasthöfe

Wandern und Einkehren
Fränkische Schweiz
Oberes Maintal - Coburger Land

Naturpark Fränkische Schweiz - Veldensteiner Forst

Historische Stadtrundgänge
Burgkunstadt, Coburg, Lichtenfels, Seßlach, Staffelstein

Ortsbeschreibungen

Die **Fränkische Schweiz** und das **Obere Maintal** bilden den Nordteil der *Fränkischen Alb,* einem vielgestaltigen Mittelgebirgszug mit Höhen über 600 m, der sich vom *Main* bis zur *Donau* erstreckt, während das **Coburger Land** bereits an den Süden des *Thüringer Waldes* grenzt.
Die Mannigfaltigkeit und einzigartige Schönheit dieser Landschaft offenbart sich erst demjenigen so richtig, der sie mit offenen Sinnen durchwandert. Bunte Bergwiesen, Wacholderheiden, dunkle Fichtenschläge und herrliche Mischwälder wechseln einander ab. In den klaren Bächen der romantischen Täler tummeln sich zahllose Forellen. Mächtige bizarre Felsgebilde mit tiefen geheimnisvollen Höhlen beeindrucken den Besucher. Aber auch die Zeugnisse vergangener Kulturepochen laden zum Betrachten ein: Stolze Burgen, ehrwürdige Ruinen, prachtvolle Kirchen, stattliche Klöster sowie schmucke Rat- und Bürgerhäuser.
Viel gerühmt wird auch die fränkische Küche, die von der im Buch genannten Gastronomie in breiter Palette angeboten wird. Da gibt es fränkische Schmankerln und herzhafte Brotzeiten - oft aus der eigenen Schlachtung. Da genießt man die beliebten Bratwürste, den köstlichen Braten vom Schwein oder Juralamm und die berühmten Klöße. Dazu trinkt man ein schmackhaftes Bier - vielfach aus der Privatbrauerei -, den selbst gebrannten Schnaps oder den kräftigen Frankenwein. In diesem Buch finden Sie nicht nur die schönsten Wanderwege, sondern auch die verlockendsten Einkehrziele, vom zünftigen Landgasthof bis hin zum gepflegten Restaurant.

Ein Buch für Genießer

Meilschnitz 150
Neustadt b. Coburg 146
Oberwohlsbach 149
Oeslau 148
Coburg 154
Waldsachsen 152
144 Fürth a. Berg
Weidach 162
Ahorn 160,161
156 Lützelbuch
Kronach
Rodach
Frankenwald
nach Gera
nach Plauen
A 72
A 9
Dreieck Bayer Vogtland
Hof
158 Ebersdorf
143 Sonnefeld
Seßlach 164
Münchberg
Marktzeuln 138
Burgkunstadt 140
Lichtenfels 130
Reundorf 128
132 Trieb
142 Hochstadt
124,125 Staffelstein
126 Romansthal
Kulmbach
Fichtelgebirge
Ebensfeld 122
116 Schwabthal
Arnstein 118
Weihersmühle 112
Roter Main
Weißer Main
MAIN
115 Wattendorf
Thurnau 104,110
114 Kleinziegenfeld
Bad Berneck
120 Zapfendorf
A 70
94 Wonsees
Schönfeld 90
nach Schweinfurt A 70
Kreuz Bamberg
Bayreuth

Wandern und Einkehren

Fränkische Schweiz
mit Naturpark Veldensteiner Forst

Oberes Maintal – Coburger Land

- Herrliche Wanderwege
- Gemütliche Gasthöfe
  Hotels und Pensionen
- Anfahrtsstrecken
- Parkmöglichkeiten

nach den Wanderungen von
Vagabundus
Wanderer zwischen Weg und Wirtschaft
herausgegeben von
Georg Blitz und Emmerich Müller

Ein Wanderführer im
Drei Brunnen Verlag Stuttgart

Einbandgestaltung: Jürgen Reichert

Titelfotos: Burg Neideck
Vierzehnheiligen mit Kloster Banz

Karten und Skizzen: Ingenieurbüro artic, Karlsruhe, Duisburg

Wanderungen: Georg Blitz
Erika Dritter
Albert Geng
Rainald Jeske
Sigrid Preller
Wolfgang Warweg
und
Vagabundus

Bildnachweise:
Foto Kögler (S. 25 o., 106 o.), Tourismuszentrale Fränkische Schweiz (S. 25 u.), Georg Hötzelein (S. 26 o.), Verkehrsamt Pottenstein (S. 26 u., 27, 28 o.), Verkehrsamt Pegnitz, Foto privat (S. 28 u.), Ulrich Keller (S. 53 o.), Winfried Schuh (S. 53 u.), Günther Konschake (S. 54 o.), Reinhold Lippert (S. 54 u.), Karl Ruhland (S. 55 o.), Andreas Türle (S. 55 u.), Verschönerungsverein Obernsees (S. 56), Markt Thurnau (S. 105 o.), Wolfgang Kern (S. 105 u.), Markt Zapfendorf (S. 106 u.), Gebietsausschuss Oberes Maintal-Coburger Land (S. 107 o.), Heinz Petterich (S. 107 u.), Peter Bäumel (S. 108 o.), Foto Bornschlegel (S. 108 u.), Archiv COFKO (S. 133 o.), Fotostudio Manshard (S. 133 u.), Stadt Seßlach (S. 134 o.), Stadtarchiv der Stadt Neustadt b. Coburg (S. 134 u.), Gemeinde Altenkunstadt (S. 135 o.), Fam. Steinbrecher (S. 135 u.), Franz-Xaver Bauer (S. 136)

Die Deutsche Bibliothek – CIP-Einheitsaufnahme

Fränkische Schweiz mit Naturpark Veldensteiner Forst, oberes Maintal, Coburger Land / nach den Wanderungen von Vagabundus hrsg. von Georg Blitz und Emmerich Müller. – 2., völlig überarb. u. erw. Aufl. – Stuttgart : Drei-Brunnen-Verl., 1998
(Wandern und Einkehren ; 23)
ISBN 3-7956-0235-1

ISBN 3-7956-0235-1
2., überarbeitete und erweiterte Auflage 1998

Druck: Druckerei Göhring, 71334 Waiblingen, Seewiesenstraße 27

Inhalt

Wichtige Hinweise

Lieber Wanderfreund,
damit Sie den größtmöglichen Gewinn aus dem Gebrauch dieses Wander- und Gastronomieführers ziehen können, sollten Sie die folgenden Vorbemerkungen beachten:

- **Weg und Zeit** - Bei diesen Angaben ist im Grunde die *Kilometerangabe* entscheidend. Die *Zeitangabe* bedeutet *reine Gehzeit* bei einer *durchschnittlichen Wegstrecke von 4 km pro Stunde* auf der Ebene oder bei leichten bis mittleren Steigungen. Bei stärkeren Steigungen verringert sich diese Durchschnittsleistung etwas. Einen Hinweis erhalten Sie durch das entsprechende *Symbol*.
- **Wegmarkierungen** - Die Markierungen durch die *Wandervereine,* hier vor allem durch den *Fränkische-Schweiz-Verein* und den *Fränk. Albverein,* aber auch durch *Heimat- oder Verschönerungsvereine, Verkehrsämter* und andere örtliche Institutionen sind schlechthin vorbildlich.
- **Markierungsangaben** - Die *Marginalien* am Seitenrand dienen der besseren Hervorhebung einer Angabe im Textteil. Sie gelten jeweils bis zum nächsten Randvermerk. Allerdings finden sich bei den Wegbeschreibungen zur besonderen Hervorhebung verschiedentlich auch Wiederholungen der Zeichen lediglich innerhalb des Textes.
- **Wegeskizzen** - Sie dienen dazu, Ihnen eine Übersicht zu vermitteln, damit Sie keine groben Fehler machen. Beachten Sie bitte zur Ausrichtung der Skizze den *Nordpfeil*!
- **Wort-Abkürzungen** - Sie sind wanderwegbezogen und daher leicht verständlich. Sie dienen nicht etwa der schnelleren Lesbarkeit, sondern der Platzersparnis, weil eine *exakte Wegbeschreibung* sehr viel Raum in Anspruch nimmt.
- **Rundwege** - Eine Wanderung kann selbstverständlich bei *jedem Gasthof* des Rundweges aufgenommen werden.
- **Geschichte - Kunst - Kultur** - *Vagabundus,* Historiker und Kunsthistoriker, stellt jeweils in knapper Form das geschichtliche, kunstgeschichtliche und kulturelle Umfeld eines Weggebietes vor, um dadurch das Erlebnis einer Wanderung vertiefen zu helfen.
- **Parken** - Wer einen *Gästeparkplatz* benutzt, sollte in diesem Gasthof auch wirklich einkehren!
- **Hotels - Gasthöfe - Restaurants - Weinstuben - Wald- u. Vereinsheime** - Durch eine glückliche Hand bei der sorgsamen Auswahl, verbunden mit einem großen Engagement profilierter Gastronomen, ist es gelungen, für Wanderer und Wandergruppen, Spaziergänger, Ausflügler oder auch „reine Einkehrer" hervorragend geeignete Betriebe aufzunehmen.

Die hier genannten Einkehrziele zählen zum Empfehlenswertesten, was die Gastronomie dieser Region zu bieten hat.
Selbstverständlich kann es durch Besitzer- oder Pächterwechsel nach Drucklegung immer wieder einmal zu Veränderungen von Angebot, Qualität, Preis und Ruhetag kommen.
Einige Betriebe bieten sich nicht nur für den Wanderweg, sondern auch zum reinen Schlemmen an. Das ist dann jeweils textlich vermerkt.
● **Viel Spaß** auf Ihren Wanderwegen wünscht Ihnen Ihr

Vagabundus per pedes

Vorwort zur 2. Auflage – Fast alle 66 Wanderungen und 6 Stadtrundgänge dieser stark erweiterten und veränderten Neuauflage wurden neu konzipiert und erwandert, tragen also den aktuellen Gegebenheiten und Möglichkeiten Rechnung. Außerdem wurde das Gebiet auch gaumenmäßig überprüft, wobei es gelungen ist, den wunderschönen Wanderungen auch ebenso viele herrliche Oasen zum Einkehren beizugesellen – von der gemütlichen Weinstube bis hin zum verlockenden fränkischen Landgasthof oder der gastronomischen Hochburg.

Wir wünschen auch den Benutzern der Neuauflage ein genussreiches *Wandern und Einkehren!*

Die Herausgeber

„Das heißt leben,
die Seele laben in Wald und Flur,
den Körper wandernd stärken,
dem Herzen Gutes tun in freier Luft.
Das Hochgefühl vertiefen,
voll frohen Sinns und Heiterkeit
bei guter Speis und edlem Trank
im Schoß eines gastlichen Hauses.
So zu leben,
heißt lang zu leben.

Vagabundus

Schermshöhe - Eibgrat - Klausberg - Reuthof - Eibenthal - Spies - Schermshöhe

Weg und Zeit - 10 km - 3 Stdn.

Charakteristik - Auf romantischen Waldpfaden geht es zu versteckten Dolomitriffen. Für den Weg über den *Eibgrat* sind gutes Schuhwerk und Schwindelfreiheit erforderlich.

Anfahrt - A 9 *Nürnberg - Berlin*, Ausf. *Hormersdorf*, Ri *Plech*. - B 14 bis *Hersbruck*, über *Hormersdorf* nach *Schermshöhe*. - B 2 bis *Leupoldstein*, dann über *Betzenstein* und *Spies*.

Parken - Gäste-P beim *Gasthof Schermshöhe* oder P bei der Wegetafel an der Str nach *Riegelstein*.

● **Schermshöhe** - 1870 errichtete *Förster Konrad Scherm* hier eine Fuhrmannseinkehr. Aus der beliebten Ausflugsstätte ist inzwischen ein kleiner Ort geworden.

● **Schermshöhe - Eibgrat** - ¾ Stdn - Vom *Gasthof Schermshöhe*
MA ca. 400 m auf der Str Ri *Spies*, dann mit Markierung *[M-D-Weg]*
OM und *[Roter Punkt]* re aufw. Im Wald an der Kurve *ohne Markie-*
MA *rung* ger abw, unten mit *[Blauem Punkt]* li. Dann wieder mit *[M-*
MW *D-Weg]* und *[Rotem Punkt]* re. Auf Wiesenlichtung auf dem Fahrweg li, dann re, am Waldrand entlang weiter. Vor Wander-P mit *[Rotem Punkt]* re durch den Jungwald zum *Eibgrat*.

● **Eibgrat - Klausberg - Reuthof** - 1 Std - Am Fels re aufw und den Felsgrat überschreiten. Dabei stellenweise auf, re oder li neben dem Felsgrat gehen **(!)**. Auf dem Weg über den Grat sind auch eine Holzteppe und eine Metallleiter zu überwinden. Dann mit *[Blauem Punkt]* li abw. Unten Fahrweg li und nach 100 m re, *Ww [Reuthof]*. Am Ackerende 80 m li, dann Pfad re
MW aufw durch den Wald. Nahe der A 9 mit *[Gelbem Punkt]* li, *Ww*
MW *[Klausberg]*. Vor *Klausberg* mit *[Rotem Punkt]* scharf li durch Felder und Wald. Dann Fahrweg re, aus dem Wald hinaus zum

● **Waldgasthof-Pension Reuthof** - Großzügige Gästezimmer. Gr P. Rustikale Gasträume und die Gartenterrasse laden zur Rast ein. Gutbürgerliche Küche mit Fleischgerichten aus eigener Schlachtung. Reichhaltiges Angebot, auch Kinder- und Seniorenteller. Spezialität: Essen vom Heißen Stein. Bier vom Fass, offene und Flaschenweine. Mittl. bis leicht gehobene Preise. - *ÖZ: Durchgehend geöffnet. Kein Ru.*

● **Reuthof - Eibenthal - Spies - Schermshöhe** - 1¼ Stdn - Vom *Reuthof* mit Markierung *[Blauer Strich]* auf reizvollen Waldpfaden an einem Gehöft vorbei, dann im Wald kurz re und dann li aufw durch den Wald, vorbei an vielen moosbewachsenen Felsen und ger durch den *Eibgrat*. Dann mit *[M-D-Weg]* auf bekanntem Weg weiter, bis die Markierung *[Blauer Punkt]* von re kommt. Hier mit allen Zeichen ger aufw zum *Lindenplatz* mit herrlichen alten Linden. An der Schutzhütte vorbei mit Markie-

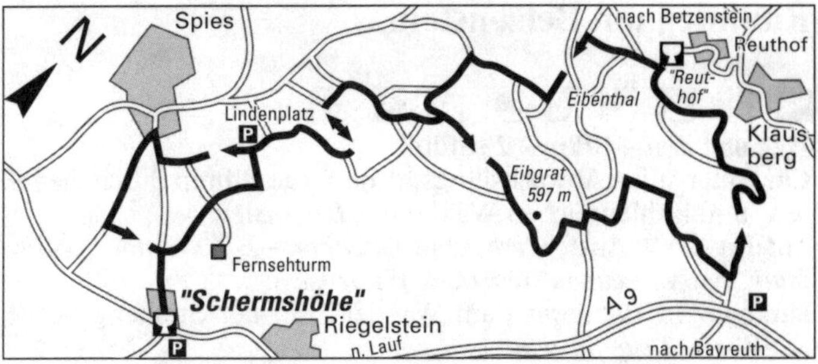

rung *[Grüner Strich]* ger zur Str. Mit Str re Ri *Spies*, 40 m nach dem Ortsschild mit *[Gelbem Strich]* und *[Kreuz]* li. Nach 500 m *ohne Markierung* li, aufw zur Str und re zur Einkehr im

● **Gasthof Schermshöhe Hotel Berghof** - Freundliches Haus mit schönem Biergarten, Terrasse und rustikalen Gasträumen. Komfortable Gästezimmer. In familiärer Atmosphäre werden gutbürgerliche Gerichte serviert. Eigene Schlachtung. Fränkische Spezialitäten, aber auch Fisch, Vollwert, Diät. Kinder- und Seniorenteller. Hausgemachte Kuchen. Konferenzräume, Kegelbahn, Hallenbad. Mittl. Preise. - *Kein Ru.*

Rundweg um Betzenstein

Weg und Zeit - 10 km - 2½ Stdn.
Charakteristik - Abwechslungsreiche Wege führen durch die felsen- und höhlenreichen Wälder um *Betzenstein.*
Anfahrt - A 9, Ausf. *Plech*, über *Ottenhof.* - B 2, *Nürnberg - Bayreuth*, Abzw. *Leupoldstein* oder *Weidensees.*
Parken - In *Betzenstein* am Wander-Ⓟ in der Straßengabel Ri *Stierberg - Leupoldstein.*

● **Betzenstein** (510 m) - Die kleinste Stadt *Frankens* mit 23 Ortsteilen besitzt einen malerischen Stadtkern. U. a.: *Stadttore.* - *Scheunenviertel* mit Fachwerkbauten. - *Heimatmuseum.* - *Wildgehege.* - 250 km Wanderwege.

● **Der Rundweg** - Vom *Wander-*Ⓟ über Str nach *Leupoldstein,*
MA li, re aufw. Mit *[Rotem Ring/Punkt]* li aufw, durch den 24 m langen Felstunnel der *Klauskirche.* Oben re, Abstecher zum *AP,* zurück und an ehem. *Windmühle* vorbei. Im Wald mit *[Rotem Punkt/Strich/Gelbem Kreuz]* li abw, li *Hexenboden.* Durch **Kröttendorf**, danach *OM* mit *Ww [Wasserstein]* re. Am Wald ger,
OM dann re. Im Wald durch das *Wassersteintor,* re zur gr *Absis.* Wei-
MA ter *unmarkiert* auf Str aufw, am *AT* vorbei, mit *[Rotem Ring]* li
OM zum **Berghäusl**. Abw und li, dann re zum *Stadttor.* Li aufw, *OM* zum *Schmiedberg* mit *AT.* Abw, am Kneippbecken li, unten
MA Fahrweg li zur *DAV-Hütte.* Mit *[Rotem Ring]* re abw, Str kreuzen und im Wald 2. Querweg li, dann re aufw. Oben auf Fahrweg kurz li, dann ganz re auf Graspfad. Im Wald über den Felsgrat und li. Str überqueren, ger aufw. Vorbei an Wohngebiet, auf dem Felsgrat re zum *AP* auf dem **Gerhardfelsen**. Dann am *Wbh* re, abw. Str kreuzen, Grasweg ger und li am Wald entlang. Im Wald aufw, Kammweg ger. Bei Hydrantenschild, ca. 200 m nach
MW kl Lichtung mit Bank, mit *[Gelbem Karo]* li abw. Waldende, Fahrweg aufw um Trafo und *Wbh.* Bei Gabelung scharf li, dann re Pfad aufw, über felsigen Sattel abw. Am Waldende Fahrweg

re, dann *Ww*, Pfad re aufw durch die Felsen mit *Burgruine*, abw
nach **Stierberg**. Im Ort die Str *Obertrubach - Betzenstein* über-
queren, mit *[Blauem Ring]* re aufw, am Wald li, mit Fahrweg im *MW*
Rechtsbogen weiter. Bei Gabelung li, durch die Felder. Am Wal-
deck *Ww*, jetzt mit *[Blauem Punkt/Blauem Schrägstrich]* re durch *MW*
den Wald, am Campingplatz vorbei. An Str sofort re, *OM* li am *OM*
Wald entlang. Im Wald mit *[Rotem Ring]* durch den Damm und *MA*
li am Wald weiter. Li, durch den Wald. An der Str re, Fußweg
am Tennisplatz vorbei zum *Wander-*P.

Bernheck - Wirrenloch - Beim Schutzengel - Teufelspredigtstuhl - Bernheck

Weg und Zeit - 12 km - 3½ Stdn.
Charakteristik - Erholsame abwechslungsreiche Wanderung durch Nadelwald mit Höhlen und bizarren Dolomitfelsen.
Anfahrt - A 9, Ausf. *Plech*. - Vom *Pegnitztal* Ri *Plech*.
Parken - Gäste- P *Hotel Veldensteiner Forst* oder Wander-P an der Str Ri *Ranna*.
● **Der Rundweg** - Vom *Hotel* Str abw zur Kirche, mit *[Rotem* *MA*
Punkt/Blauem Ring/Gelbem Karo] li. Nach Ort re abw, durch den

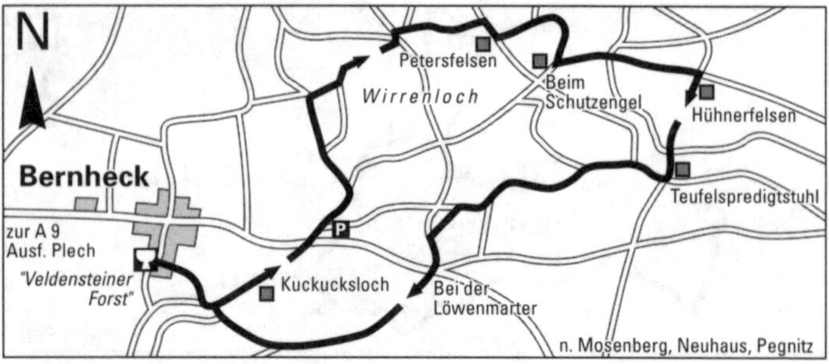

Wald und mit Fahrweg li zum Waldeck. Jetzt auf Fahrweg mit
MW *[Grünem Dreieck/Punkt/5]* ger. Nach ca. 100 m re das *Kuckucks-*
loch. Nach 500 m Steig zu Felsen. Danach Str kreuzen, am P ger
MW weiter, *Ww [Hufeisen]*. Bei Gabelung mit *[Grünem Pfeil]* auf
Teerstr ca. 800 m ger, in Linkskurve mit *Ww [Wirrenloch]* ger.
Nach 200 m re in den Wald zum **Wirrenloch**. Vor den Felsen li,
dann re. Ri *Ranna* bis Grenzstein Nr. 736, hier li, über Forststr,
ger, nach 25 m re. Auf Querweg re abw, dann li. Vor den *Peters-*
MW *felsen* mit *[Rotem Kreuz]* Fahrweg re aufw bis zur Weggabel **Beim**
MW **Schutzengel**. An Buche mit Kruzifix mit *[Blauem Kreuz]* li. An
MW nächster Gabelung li, nach 50 m re. Nach 1 km mit *[Grünem Drei-*
eck] re, *Ww [Ranna]*. An Kreuzung ger zum **Teufelspredigtstuhl**.
MW Danach mit *[Gelbem Strich]* re, *Ww [Hufeisen]*, und nach ca.
OM 200 m *OM* li. Fahrweg leicht aufw an Felsen vorbei, abw und mit
MA *[Rotem/Blauem Kreuz]* li. Nächsten Fahrweg li, an Gabelung re
abw, Str kreuzen, ger, dann abw. An Kreuzung mit *[Blauem*
Kreuz/Gelbem Karo] re abw und zum

● **Ferienhotel Veldensteiner Forst** - Ruhig gelegenes Haus mit großem Park, Gartenterrasse und gemütlichen Gaststuben. Hier genießt man Dunkles vom Fass, probiert hausgemachten Veldensteiner Hirschschinken oder eine geräucherte Forelle aus eigener Zucht. Auch Vesper, Schonkost, Feinschmeckermenüs. Mittlere Preise. - *Ru = Mo.*

Drei Wege durch den Veldensteiner Forst

Charakteristik - Erholsame interessante Wege durch den *Veldensteiner Forst*, das größte geschlossene Waldgebiet *Norbayerns.*

Anfahrt - A 9 Ausf. *Pegnitz-Grafenwöhr*, B 85 Ri *Amberg, Michelfeld* re, *Ww Michelfeld, Eingang Veldensteiner Forst.* - Sonntags Busverbindung ab Bahnhof *Neuhaus a. d. Pegnitz.*

Parken - *Gasthaus Hirschblick* oder 80 m weiter am Wald-P.

● **Rundweg 1: Hirschblick - Mühlfriedlsweiher - Seeweiher - Hirschblick** - 7 km - 2 Stdn - Vom *„Hirschblick"* am Wald mit

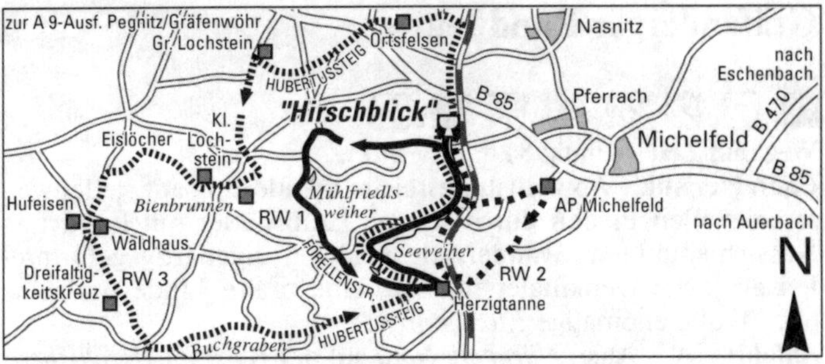

[Rotem Ring] ger und li. An Gabelung *ohne Markierung* re aufw, *MA*
[Radweg 4]. Oben Kreuzung, 2. Weg li abw, Ri *Fischstein* zum *OM*
Mühlfriedlsweiher. Am Weiher entlang und abw. Gabelung li
abw, Querweg li, *Forellenstr* Ri *Fischstein.* 900 m ger, dann mit
[Rotem Ring] li zur *Pegnitz* und li zum *Seeweiher* mit Felsenquel- *MA*
le. Am Waldrand entlang, auf Fahrweg durch Wald zum

● **Gasthaus „Hirschblick"** - Idyllisch an den Mäandern der jungen *Pegnitz* gelegen, am Eingang zum *Veldensteiner Forst.* In stilvollen gemütlichen Räumen, bei familiärer Atmosphäre werden gute fränkische Küche und deftige Hausspezialitäten serviert. Auf der Gartenterrasse und im schönen Biergarten kann werktags auch Mitgebrachtes verzehrt werden. - *Ru = Mo u. Di.*

● **Rundweg 2: Hirschblick - AP Michelfeld - Pegnitztal - Hirsch-**
blick - ¾ Std - 3 km - Mit *[Rotem Ring]* Ri *Waldhaus Hufeisen,* *MA*
nach 1500 m mit *[24]* und *[26]* li, *Pegnitz* überqueren, durch
Bahn aufw. Nach 1 km Querweg, *AP Michelfeld,* kurz mit *[25]* *MW*
re, abw ins *Pegnitztal.* Re unter der Bahn durch und aufw. Pfad
oberhalb Bahn ger. In Wiese li, auf bekanntem Weg zurück.

● **Rundweg 3: Hirschblick - Ortsfelsen - gr. Lochstein - Bienbrunnen - kl. Lochstein - Eislöcher - Waldhaus Hufeisen - Buchgraben - Seeweiherquelle - Hirschblick** - 17 km - 5 Stdn - Mit
[Rotem Ring] Hubertusweg, am Wander-Ⓟ, 80 m nach der Bahn- *MW*
unterführung, scharf re. Auf teils verwachsenen Pfaden zu den
interessantesten Naturschönheiten des nördl. Waldgebietes.

Gräfenberger Rundweg

Weg und Zeit – knapp 8 km – 2½ Stdn.
Charakteristik – Abwechslungsreiche Wanderung auf stellenweise reizvollen Pfaden durch schöne Laubwälder mit herrlichen Aussichtspunkten. Wanderziele sind ein eigenartig geformter Felsen, zwei Denkmäler mit *AP*, eine uralte Linde und eine prachtvolle ehemalige *Klosterkirche.*
Anfahrt – A 3, Ausf. *Nürnberg-Nord* auf der B 2 über *Heroldsberg.* – A 9, Ausf. *Pegnitz-Grafenwöhr* auf B 2 über *Hiltpoltstein.* – Bahnlinie *R 21 (861) Nürnberg Nordostbahnhof – Gräfenberg.* – Buslinie *312 Bernheck – Plech – Betzenstein – Gräfenberg.*
Parken – *Egloffsteiner Str* am Freibad oder beim Steinbruch.

● **Gräfenberg** – Die in eine reizvolle Landschaft gebettete, von steilen Waldhängen umrahmte Stadt mit historischem Ortskern ist Geburtsstadt des Minnesängers *Ritter Wirnt von Gravenberc.* 1172 erstmals erwähnt, erhielt der Ort 1333 Markt- und 1371 Stadtrechte. Aus dem Besitz der *Herren von Gräfenberg* kam der Ort 1537 zur *Freien Reichstadt Nürnberg* und 1806 zum *Königreich Bayern.* Mit der 30 km entfernten Großstadt *Nürnberg* ist *Gräfenberg* durch eine Bahnlinie verbunden.

● **Freibad – Luitpolddenkmal – Teufelstisch** – 1¼ Stdn – Vom P
MA am Freibad mit *[Blauem Ring]* aufw, *Ww [Luitpolddenkmal].* Bei Gabelung re aufw zum *Obelisk* aus Felssteinen, *AP*, 1901 zu Ehren des *Prinzregenten Luitpold von Bayern* errichtet. Abw und ger, am Waldende Str abw, Querstr kreuzen und Waldpfad oberhalb der Str zur *Frankonia-Halle.* Li *Hubertusstr* abw, nach Trafo re Treppensteig abw und Pfad re. Str re und li *Teufelstischweg, Ww [Kath. Kirche].* Beim eigenartig gebauten Gotteshaus von 1965 ger aufw, im Wald an Quelle vorbei. Am Waldende ger und bei den Feldhecken scharf li, *Ww [Teufelstisch].*
MW Bei Gabelung *[Blauen Ring]* verlassen, mit *[Blauem Strich]* re eben durch Wiese und an Hecken entlang. *[Gelber Strich]* und *[Grüner Ring]* kommen dazu, noch 400 m ger, dann Gabelung re, Fahrweg kreuzen und durch die Felsen mit flacher Höhle zum nahen *Teufelstisch*, einem pilzförmigen Fels, dessen Form durch unterschiedliche Dichte des Schwammkalksteins entstand.

● **Teufelstisch – Weißenohe** – ½ Std – Mit allen Zeichen zurück,
MW bis der *[Blaue Strich]* abbiegt, hier mit *[Grünem Ring/Gelbem Strich]* abw durch Wald und Felder. Unten kommt *[Blauer Ring]* li vom Sportplatz, mit diesem Zeichen die Bahn und die *B 2* an der Ampel kreuzen und ger *Kalkach* überqueren nach *Weißenohe.* Jetzt Hauptstr li aufw und re durch das Torhaus zur ehem. *Klosterkirche* mit *St. Bonifatius, St. Willibald* und *St. Walburga* am Eingangsportal.

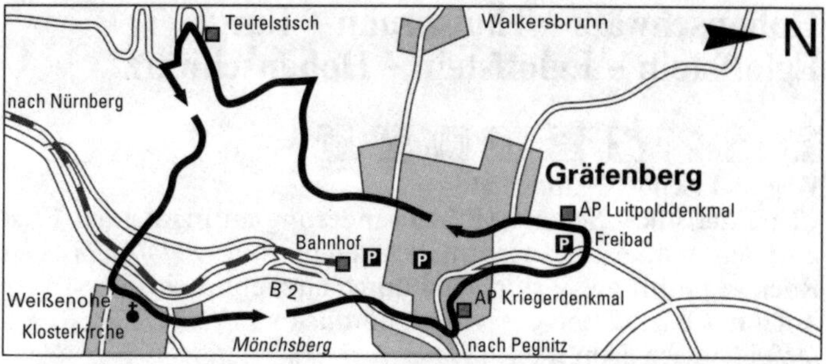

● **Weißenohe - Gräfenberg -** ¾ Std - Str weiter aufw, an Gabelung, *Sollenberger Str* aufw, auch *[Grüne Raute]*, dann *Gräfenberger Str* li, an Dreiergabelung re *Mönchberger Str* aufw. Am Ortsende li, *Ww [Gräfenberg], [Grüne Raute]* verlassen, Pfad neben Feldhecken aufw, li Kirschgärten. Im Wald kommt der *[Blaue Punkt]* hinzu und mit beiden Zeichen li auf schönem Waldweg weiter. Im Wohngebiet abw, die *B2* kreuzen, drüben kurz aufw und re oberhalb der Str weiter. *Reuthgasse* mündet in den *Pringyplatz.* Jetzt li und beim *Postamt* re in die *Bayreuther Str.* Hier steht re die 1008 von *Kunigunde,* der Gemahlin von *Kaiser Heinrich II.*, gepflanzte *Kunigunden-Linde.* Nach 50 m Pfad li aufw, *Am Michelsberg* li aufw. Beim Straßenende scharf re in den Wald und an der Bank li aufw zum *Kriegerdenkmal (AP),* das 1924 an der Stelle einer altgermanischen Opferstätte errichtet wurde. Die linke Treppe aufw und an der Wiese li (li Wald), dann Fahrweg kreuzen und Fahrweg ger, auch *[Grüner Ring/Blaues Kreuz/Punkt].* An Gabelung li abw (re Doppelgarage, li Wohnhaus), dann oberhalb des alten Scheunenviertels an der *Egloffsteiner Str* auf schönem Pfad durch den Hangwald bis zum Freibad.

Hohenschwärz – Thuisbrunn – Burg Egloffstein – Egloffstein – Hohenschwärz

Weg und Zeit – 11 km – 3 Stdn.

Charakteristik – Schöne Höhenwanderung an markanten Felsgruppen vorbei zur herrlich gelegenen *Burg Egloffstein.* Der Rückweg führt auf Waldpfaden durch ein liebliches Tal.

Anfahrt – B 2 *Nürnberg – Pegnitz,* nördlich von *Gräfenberg* Ri *Egloffstein,* nach 3 km li nach *Hohenschwärz.*

Parken – Gäste-P *Brauerei-Gasthof Hofmann.*

● **Hohenschwärz – Burg Egloffstein** – 1¼ Stdn – Vom P am *Brauerei-Gasthof* durch die Obstbäume hinaus in die Flur, li am
MA Trafo vorbei. Nach 200 m mit *[Blauem Senkrechtstrich]* re und bei Gabelung re, *Ww.* Nächste Gabelung li, unterhalb der Scheune auf verwachsenem Pfad neben Feldhecken zum Wald. Am Wald ger, am Felsen kommt der *[Rote Punkt]* dazu. Mit beiden Zeichen unter Überspannleitung durch und bei Sitzgruppe re, nach *Thuisbrunn.* Am Brunnenhaus vorbei und auf der
MW Hauptstr mit *[Blauem Punkt]* li um den Burgberg. An Straßengabelung re, *Ww [Haidhof],* auch *[Gelber Schrägstrich].* Vor Ortsende li den Steig hoch und ger durch die Linden und Sträucher. Re schöner Felsberg (*AP*). *[Blauer Punkt]* führt dann ger und auf Str 50 m re, dann auf grasigem Weg li und im Wald auf Serpentinen abw. *Arlesbrunner Str* re und nach drittem Blockhaus li. Pfad an idyllischem Wasserfall vorbei, dem Bach folgen. Dann die *Markgrafenstr* kreuzen, die Treppe aufw, *Schmiedgasse* re und *Kirchweg* aufw zur Barockkirche und zur *Burg.*

● **Egloffstein** – Terrassenförmig schmiegt sich der Ort an den Berg, auf dem auf steilem Felsen die Burg thront. Die *Herren von Egloffstein* wurden bereits 1184 erstmals erwähnt. Die heutige *ev. Kirche* wurde anstelle der ehem. Schlosskapelle 1750 gebaut. Am Kanzelaltar stehen *Moses* und sein Bruder *Aron.* Darüber füttert ein Pelikan seine vier Jungen, ein Symbol für aufopfernde Fürsorge. Auf beiden Seiten des Altars Gedenksteine der *Grafen und Freiherrn von Egloffstein.*

● **Burg Egloffstein – Egloffstein – Hohenschwärz** – 1¾ Stdn – Von
MW der Kirche um die Burg aufw und re Ri *Hundshaupten, [Roter*
MW *Punkt].* Nach 100 m mit *[Blauem Ring]* re, *Ww [Wilhelmsfelsen].* Pfad führt zum Wald und abw zu einer Felskanzel. Weiter abw an der Grotte vorbei zum mächtigen *Wilhelmsfelsen* mit schönem *Felsentor.* Unten re zur *Komtessenruh* und unterhalb des Burgfelsens aufw, dann im *Kirchenweg* abw und nach 50 m li, *Burgsteig* abw. Str re und bei Telefonhäuschen li, *Ww [Jugend-*
OM *treff],* neben Fachwerkscheune abw. Bei Gabelung re abw, *ohne Markierung* zum Teich im *Kurgarten.* Li um den *Kurgarten* und
MA *Talstr* mit *[Grünem Ring/Punkt]* re. An der Brücke ger, mit

[Blauem Kreuz] aufw und bei Gabelung ger, immer neben dem *MW* Quellbach bis ins *Todtsfeldtal.* Jetzt mit *[Blauem Kreuz]* und *[Grünem Ring]* re aufw. Am Querweg li. Am Waldende ger (li Wiese), Fahrweg re und nach 50 m li, Radweg *Hohenschwärz.* Mit schöner Aussicht durch die Felder zum Dorf und re zum

● **Brauerei-Gasthof Hofmann** - Sehr ruhig gelegen, gemütliche Gasträume und schöne Terrasse. Zum gutbürgerlichen Essen und zu deftigen Brotzeiten aus eigener Schlachtung gibt es das beliebte selbstgebraute dunkle Landbier und Schnaps aus der hauseigenen Obstbrennerei. Untere bis mittlere Preise. - *Ru = Di, Mo erst ab 15 Uhr geöffnet.*

Regensberg – Haidhof – Ortspitz – St. Moritz – Mittelehrenbach – Regensberg

Weg und Zeit – 14 km – 3½ Stdn.

Charakteristik – Bequeme schöne Höhenwege zu einem herrlichen Aussichtspunkt. Danach romantische Waldpfade zu einer einsamen Wald-Kapelle und hinunter ins *Ehrenbachtal.*

Anfahrt – B 2 bis *Gräfenberg*, über *Kasberg* und *Rangen.* – B 470 bis *Reuth*, über *Wiesenthau* und *Mittelehrenbach.* – Von *Egloffstein* über *Thuisbrunn* und *Kasberg.*

Parken – Gäste-P *Berggasthof Hötzelein.* P am Ortseingang von *Regensberg.*

MA ● **Regensberg – Haidhof** – 1 Std – Vom *Berg-Gasthof* aufw, *[Ro-*
MW *ter Strich]*, zum P am Ortsende. Hier mit *[Blauem Kreuz]* li, draußen re aufw und bei der Gabelung re bzw. ger aufw. An
MW Kreuzung li, *[Roter Schrägstrich/Gelber Strich].* Teerweg abw. Str kreuzen, an Kapelle vorbei abw. Am Waldende an Gabelung li aufw, nächste Gabelung mit *[Rotem Schrägstrich]* re. An Kreuzung 5 m re und am Wald entlang weiter. *[Roten Schrägstrich]*
MW verlassen, im Wald mit *[Gelbem Schrägstrich]* li. Ger durch Felder, am Wald aufw und re, später li, durch Kirschgärten bis *Haidhof* zur gepflegten Rast im *Hotel Schloßberg.*

● **Hotel-Café-Restaurant Schloßberg** – Ruhig gelegen, mit Freizeitparkanlage, rustikalen Gasträumen und Biergarten. Komfortable Gästezimmer. Vielfach prämierte Küche mit fränkischen und internationalen Gerichten. Auch Kinder- und Seniorenteller. Kuchen aus eigener Konditorei. Eigene Schnapsbrennerei. Hochzeitspavillon und Burgsteinstüberl für Festlichkeiten bis 200 Pers. – P und Garagen. – Mittl. bis gehob. Preise. – *Ru = Mo.*

● **Haidhof – Ortspitz – St. Moritz** – 1 Std – Vom *Hotel Schloßberg* die Str abw, mit *[Gelbem Schrägstrich/Rotem Kreuz]* die Str kreuzen und ger abw. An Kreuzung li, mit *[Rotem Kreuz/Grünem Ring]* am *Seismologischen Observatorium* vorbei und re in den
MW Wald. Mit *[Grünem Ring]* aufw zu *Schlossberganlagen.* An der Sitzgruppe re, auf Steig, li die heidnische Kultstätte, zum *AP Burgstein.* Zurück zur Sitzgruppe und mit *[Grünem Ring]* ger, li
MW ein Felsberg. Später li, bei Gabelung mit *[Gelbem Punkt]* re. Str re aufw und 50 m nach Leitungsmast li, am Wald entlang. Durch die Wiese und bei Gabelung li, zum Wald. Am Waldende li, ger durch Kirschgärten und bei Gabelung re, Str ger bis *Ortspitz.* Im
MW Ort li, *[Gelbes Kreuz]*, aufw und re, *Ww [St. Moritz].* Auf Waldpfad abw zur einsamen *St.-Moritz-Kapelle.*

● **St. Moritz – Mittelehrenbach – Regensberg** – 1½ Stdn – Ger,
MW vor der Str scharf li, auch *[Gelber Strich]*, Bach überqueren. Nach 20 m ger aufw, mit *[Gelbem Strich]* auf breitem Weg, später die Str kreuzen und auf Waldfahrweg weiter. Nach ca. 700 m

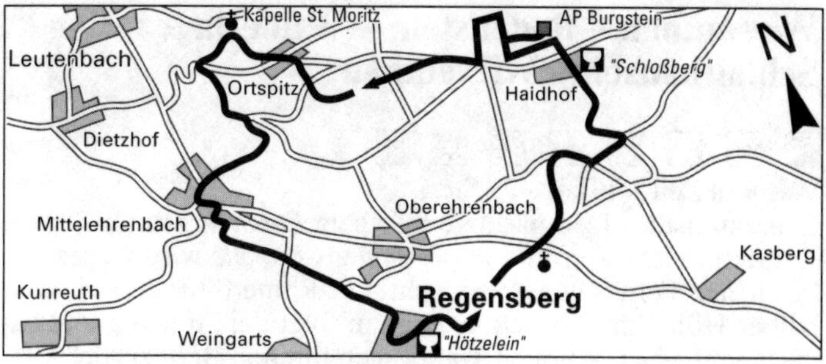

führt der Weg abw und stößt auf die von *Haidhof* kommende Str. Jetzt *ohne Markierung* Str abw bis *Mittelehrenbach.* Dann führt der *[Rote Strich]* Ri *Hetzleser Berg*, am Schulhaus vorbei aufw, durch Wald und Kirschgärten, später durch Wald aufw nach *Regensberg* zur Einkehr im *Berg-Gasthof Hötzelein.* *OM* *MA*

● **Berg-Gasthof Hötzelein** - In herrlicher Lage mit schöner Aussicht bis in die *Haßberge* und den *Steigerwald.* Gemütliche Gasträume und Terrasse. Vielseitiges, gehobenes Speisenangebot in gepflegter Atmosphäre. Auch Kinder- und Seniorenteller, Feinschmecker-Menüs, Vesper. Vollwert, Diät und Schonkost. Gr Weinauswahl. Mittl. bis gehobene Preise. - *Ru = Di.*

Wiesenthau - Rodenstein - Walberla - Schlaifhausen - Wiesenthau

Weg und Zeit - 10 km - 2¾ Stdn.

Charakteristik - Der mächtige Inselberg *Ehrenbürg* mit bizarr geformten Felszacken und der *Walpurgis-Kapelle* wird wegen der herrlichen Fernsicht gern besucht. Die Route führt zunächst auf halber Höhe am Berg entlang, dann folgt der Aufstieg und danach geht es auf schönen Waldwegen um den Berg zurück.

Anfahrt - B 470 *Forchheim*, *Reuth*, Abzw. *Wiesenthau*. - B 2 bis *Gräfenberg*, dann über *Kasberg* nach *Mittelehrenbach* und über *Dietzhofen*.

Parken - In *Wiesenthau* nahe der Kirche oder Gäste-P *Gasthof Schüpferling* oder *Gasthaus Kroder* in *Schlaifhausen*.

● **Wiesenthau** - Neben dem alten *Barockschloss* steht die reich ausgestattete 1573 gebaute *St.-Matthäus-Kirche*. *Ölberg* von 1711 und Grabsteine derer *von Wiesenthau*.

● **Wiesenthau - Rodenstein - Walberla** - 1¼ Stdn - Von der Kir-
MA che mit *[Blauem Schrägstrich]* Str aufw und bei der *Raiffeisen-
bank* re, *Ehrenbürgstr* aufw und ger in die Senke. Bei Ende der
geteerten Str Feldweg ger und nach 25 m li, an den Feldhecken
aufw. In den Kirschgärten 100 m re, dann li, *Ww [Walberla]*.
Grasigen Weg aufw, nach 200 m Querweg kreuzen, Pfad durch
Schlehenhecken aufw. Oben an der Wiese *[Blauen Strich]* ver-
MW lassen und auf Querpfad mit dem *Rundwegzeichen [Dreizackiges
Ehrenbürgsymbol im weißen Rund auf rotem Grund]* re. Am P li
aufw und oberhalb der Bergwachthütte Pfad re aufw. Bald re
durch den Niederwald, allmählich aufw bis zum Querweg mit
MW *Ww*, jetzt mit *[Rotem Strich]* li aufw, auf Pfad zum *AP Roden-
stein* und abw in die Mulde zum ehem. Tor der alten Wallan-
lage. Dem Pfad li aufw zum 1911 errichteten *Gedenkstein* folgen
und auf den Resten der Wallanlage zur *Walpurgis-Kapelle*.

OM ● **Walberla - Schlaifhausen** - 1 Std - An der *Kapelle ohne Mar-
kierung* li auf breitem geschottertem Weg durch Niederwald abw
MA Ri *Kirchehrenbach*. Bei Holzkreuz (*AP*) mit dem *[Rundwegzei-
chen]* re. Vor drei Linden Gabelung, hier re fast eben weiter.
Pfad, später Weg führt durch schönen, teils lichten Wald unter-
halb der Felszacken. Nach ca. 2 km *Ww* (*[Rotweiß-Diagonal]*
führt li abw nach *Leutenbach]*). Jetzt re aufw um den nächsten
MW Felsgipfel. Auf freier Flur Querweg, jetzt mit *[Rotem Strich]* li,
abw nach *Schlaifhausen*. Nach P re abw zur Einkehr im *Gast-
haus Kroder* oder 300 m weiter im *Gasthof Schüpferling*.

● **Gasthaus Kroder** - Rustikale Gasträume, schöner Biergarten, Terrasse. In ungezwungener Atmosphäre werden gutbürgerliche Gerichte und Hausspezialitäten aus eigener Schlachtung serviert. Vesper mit selbst gebackenem Brot. Bier vom Fass.

oben: Wandern im Oberen Maintal, Blick vom Staffelberg

unten: Einkehren in der Fränkischen Schweiz

oben: *Blick vom Steinbühl in das Ehrenbachtal und auf die Ehrenbürg (Walberla)*

unten: *Teufelshöhle bei Pottenstein*

Fränkische-Schweiz-Museum im „Judenhof" Tüchersfeld

oben: *Burg Pottenstein*
unten: *Pegnitz*

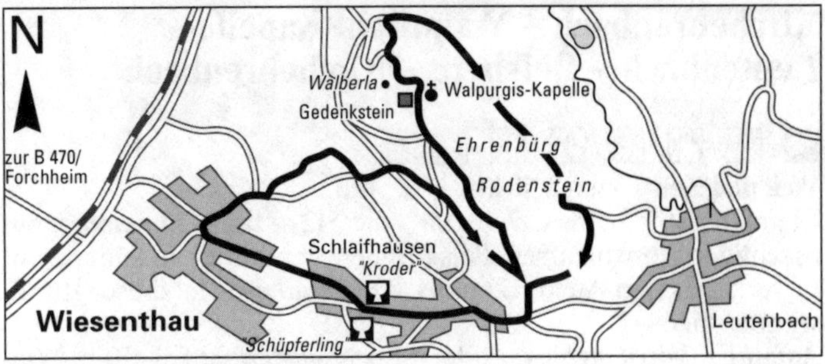

Herbergsunterkunft für Wandergruppen, Radfahrer und Kletterer. Untere Preislage. – *Ru = Mo. Di bis 17 Uhr geschl.*

● **Gasthof-Pension Schüpferling** – Ruhig gelegenes Haus mit behaglichen Gästezimmern, gemütlichen Gasträumen sowie Biergarten und Terrasse. Es werden gutbürgerliche Gerichte, Wildspezialitäten aus der Region, Geflügel, Fisch und Vesper serviert. Auch Kinder- und Seniorenteller. Hausspezialität ist Rinderspickbraten. Selbst gemachte Kuchen. – *Ru = Mo.*

● **Schlaifhausen – Wiesenthau** – ½ Std – Unterhalb vom *Gasthof Schüpferling* mit *[Gelbem Kreuz]* re, *Ww [Fußweg nach Wiesenthau].* Bei Gabel li bzw. ger, abw bis zur Kirche in *Wiesenthau.*

Kirchehrenbach - Walpurgis-Kapelle - Leutenbach - Reisberg - Kirchehrenbach

Weg und Zeit - knapp 13 km - 3½ Stdn.

Charakteristik - Das „Walberla“, die 512 m hohe *Ehrenbürg*, ein mächtiger, von bizarren Felsgruppen gerahmter Inselberg mit unvergesslichen Ausblicken ins *Wiesenttal*, ist Ziel dieser Rundwanderung.

Anfahrt - Von *Forchheim* oder *Ebermannstadt* auf B 470 bis *Unterweilersbach.* - B 2 bis *Gräfenberg* und über *Kasberg, Ober-, Mittelehrenbach* und *Leutenbach.*

Parken - Gäste-P *Gasthaus Sponsel* oder P *Str zur Ehrenbürg.*

● **Kirchehrenbach - Walpurgis-Kapelle - Leutenbach** - 1½ Stdn -
Vom *Gasthaus Sponsel* ger, neben der Kirche die *Str zur Ehren-*
bürg aufw. Oben nach dem *Wbh* li, *Ww [Fußweg zum Walberla].*
Nach 500 m der Str aufw folgen und an Schranke li, Schotterweg
aufw zum Kreuz, *AP,* und weiter aufw zur *Walpurgis-Kapelle.*
MA Jetzt mit *[Rot-Weiß-Diagonal]* li an Sträucherreihe entlang aufw
zur *Geierswand* mit *AP.* Jetzt re, Pfad abw, bei der Bank re, dann
li um den Wald zum Felsturm mit Fahne. Am Fels re, in großen
Serpentinen abw. Im Wald bald li abw und nach 80 m bei Gabe-
lung re Pfad aufw. Auf schönem, bequemem Waldweg fast eben
bis zum Waldende oberhalb von *Leutenbach.* Teerweg abw zum
Mühlweiher und zur Einkehr im *Brauerei-Gasthof Drummer.*

● **Brauerei-Gasthof Drummer** - Rustikale, urgemütliche Gasträume mit Biergarten. Gutbürgerliche Küche mit regionalen Akzenten. Leckere Braten- und Schnitzelspezialitäten aus eigener Zucht und eigener Schlachtung. Es werden Biere aus der traditionsreichen eigenen Brauerei ausgeschenkt. Untere bis mittl. Preise. - *Ru = Mo.*

● **Leutenbach - Reisberg - Kirchehrenbach** - 2 Stdn - Beim Brun-
MW nen mit *[Gelbem Punkt/Gelbem Strich] Am Köppel* aufw, an der
Wegetafel vorbei. (Nach dem Rathaus biegt der *[Gelbe Strich]* li
ab, bequemer Weg nach *Kirchehrenbach.*) Mit *[Gelbem Punkt]*
ger weiter aufw und am Ortsende li, auch *[Rotes Karo].* Nach
80 m re, *Ww [Reisberg],* aufw. Bei Gabelung li, ebener grasiger
Weg durch Obstwiesen. Am Fahrweg re und dann Pfad aufw. Im
Wald Gabelung li, schräg zum Hang aufw. Am Querfahrweg mit
[Gelbem Punkt] Pfad ger aufw. Im Wald li, zum *AP* und kurzzei-
tig am Abgrund entlang bis zu einer Wiese. Die Wiese re lassen
und dann halb re über den Acker. Im Waldstreifen li und im
Waldsaum weiter. Nach ca. 600 m bei der gr Ackerflur mit dem
Querweg li, *Ww [Pretzfeld],* durch den Waldstreifen, dann li
MW Wald, re Wiese. Im nächsten Wald nach 20 m mit altem *[Gelbem*
Ring] li abw, auf schönem Weg durch den Niederwald abw. Beim
Steinbruch noch 150 m ger, dann li und dem Fahrweg abw fol-

gen. Unten, 50 m vor *Wbh*, kommt *[Gelber Strich]* dazu. Mit diesem re. Nach ca. 250 m mit *[Blauem Schrägstrich]* li abw nach *Kirchehrenbach*. Unten re zur verdienten Einkehr im *Gasthaus Sponsel*. *MW*

● **Gasthaus Sponsel** - Rustikale Gasträume und Biergarten in zentraler Lage. In familiärer Atmosphäre wird gutbürgerliche Küche serviert, die Produkte dazu kommen aus eigener Landwirtschaft und eigener Schlachtung. Selbst gemachtes Holzofenbrot. Verschiedene Aktionen wie Kulturwochen und Starkbierwochen. Nebenzimmer für Familienfeiern. Mittlere Preise. - *ÖZ: Durchgehend geöffnet. Ru = Di.*

Hagenbach – Hetzelsdorf – Hundshaupten – Unterzaunsbach – Hagenbach

Weg und Zeit – 13 km – 3¼ Stdn.
Charakteristik – Erholsame Wanderung an bizarren Felsbergen vorbei, durch herrliche Wälder und Obsthaine.
Anfahrt – B 470, Abzw. *Pretzfeld*, Ri *Egloffstein.*
Parken – Gäste-P *Gasthof-Metzgerei Richter* oder P am Friedhof.

● **Hagenbach – Hetzelsdorf** – 1 Std – Vom *Gasthof Richter* mit
MA *[Rotem Ring]* die Str kreuzen, nach dem Feuerwehrhaus li kurz
dem Bach folgen, dann aufw. Draußen bei der Sitzgruppe li, allmählich aufw. Im Wald durch die Braunjuraschlucht aufw. Bei
Kreuzung 50 m ger, dann dem Fahrweg li folgen. Nach 150 m
OM führt der *[Rote Ring]* li abw, hier *ohne Markierung* ger aufw. Im
MA gr Bogen auf Fahrweg weiter, oben mit *[Rotem Kreuz]* li aufw.
Nach 50 m li auf Waldweg. Bald re Obstgarten, dann li Acker,
MW dann an der Wiese mit *[Rotem Punkt/Gelbem Punkt]* li, dem
Pfad abw folgen. Beide Zeichen führen jetzt bis *Hetzelsdorf* mit
sehenswerter gotischer *Kirche.*

● **Hetzelsdorf – Hundshaupten – Unterzaunsbach** – 1½ Stdn – Str
Ri *Hundshaupten* aufw. (Hier Abkürzung möglich: Mit *[Blauem
Ring]* li.) 700 m nach Ortsende Str verlassen und Feldweg li folgen. Nach 100 m Wegteilung, mit *[Rotem Punkt]* re zum Wald
und auf ebenem Weg durch Obstgärten, dann Fahrweg bis
Hundshaupten. Am Wohngebiet li, dann re, li im Wald eine zerklüftete Felskanzel. Im Ort re abw, dann li, *Ww [Wildgehege
OM* *Hundshaupten].* Str abw durch Wald. Beim P *ohne Markierung*
li, auf privatem Forstweg in den Wald, vorbei am Waldfriedhof
der *Schlossherren zu Hundshaupten.* Der Fahrweg führt unterhalb mächtiger Felsberge durch schönen Wald bald li, um einen
MA gr Felskoloss aufw. Oben am Waldeck, vor Scheune, mit *[Grünem Punkt/Grünem Ring]* re durch den Kirschgarten abw. Nach
MW einem Waldstück kommt der *[Gelbe Punkt]* und am nächsten
Waldstück geht es mit dieser Markierung re im Grabenweg abw.
OM An der Ackerlichtung in Querfahrweg re, nach 100 m *ohne Markierung* weiter abw bis zur Str. Auf Str li bis *Unterzaunsbach* zur
gepflegten Einkehr im *Café Holweg.*

● **Café Holweg** – Ruhig gelegenes Haus mit großzügigen Ferienwohnungen und Gästezimmern, gemütlichen Gasträumen, Gartenterrasse und Grillplätzen. Gutbürgerliches Essen, für Gruppen auf Bestellung. Idealer Ausgangspunkt für Wanderer, Radfahrer und Kletterer. Hausgemachte Kuchen und Torten. – P – *ÖZ: Sommer: tägl. 14–22 Uhr, Sa, So ab 10 Uhr. Winter: Ru= Mo, Di; Mi–Fr 14–22 Uhr, Sa, So ab 11 Uhr.*

MA ● **Unterzaunsbach – Hagenbach** – ¾ Std – Ger mit *[Blauem
Strich/Gelbem Ring/Blauem Ring]* durch das sich weitende *Tru-*

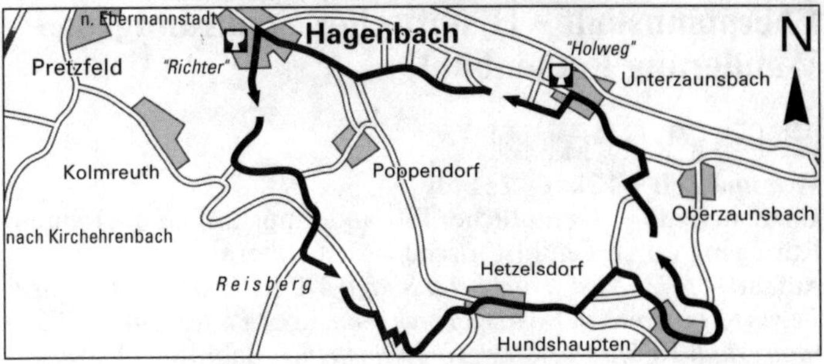

bachtal, stellenweise unmittelbar neben dem Flüsschen. Gegenüber von *Wannbach* ger weiter (nicht mit *Ringzeichen*, diese biegen ab). Re sieht man bald *Lützelsdorf* mit dem Burgstall am *Dietrichstein*, dann geht es auf geteertem Weg bis *Hagenbach*, wo der *Gasthof Richter* zur zünftigen Rast einlädt.

● **Gasthof-Metzgerei Richter** - In gemütlichen Gasträumen und im Biergarten werden gutbürgerliche Gerichte aus eigener Metzgerei serviert. Hausspezialitäten sind Karpfen und Forelle, samstags Grillhaxe. Ab Februar Jura-Lamm. Vesper, wechselnde Tageskarte. Hausgemachtes Gebäck. Untere bis mittlere Preise. - *Ru = Mo, Mi ab 14 Uhr.*

Ebermannstadt - Historischer Stadtrundgang - Wanderung Rothenbühl

Weg und Zeit - 4½ km - 2½ Stdn.

Charakteristik - Gemütliche Talwanderung mit interessantem Rundgang durch den historischen Altstadtkern.

Anfahrt - A 73, Ausf. *Forchheim Süd,* B 470 Ri *Pegnitz* - A 9, Ausf. *Pegnitz-Grafenwöhr,* B 470 Ri *Forchheim,* über *Pottenstein.* In *Ebermannstadt* Ri *Moggast* bzw. *Gößweinstein.* - Bahnlinie *Nürnberg-Bamberg* bis *Bhf. Forchheim*, dann weiter nach *Ebermannstadt.*

Parken - Gäste-P *Landgasthof Bieger* oder am Freibad.

MA ● **Rothenbühl - Ebermannstadt** - ½ Std - Mit *[Rotem Punkt/Gelbem Strich]* vom *Landgasthof Bieger* in *Rothenbühl* 300 m auf Str Ri *Ebermannstadt.* Vor dem Freibad li auf Wiesenpfad zwischen den P, dann Bahn kreuzen und neben *Wiesent* weiter. Unter Str durch, vor Mühle *Wiesent* überqueren, ger zum *Nepomuk* beim *Wasserschöpfrad* am Ortskern von *Ebermannstadt.*

● **Ebermannstadt** - Ca. 4000 Einw. Der im *Wiesenttal* zwischen zwei Flussarmen gelegene Ort wurde 981 erstmals erwähnt, erhielt 1323 Stadtrecht, hatte aber wegen seiner Insellage keine Stadtmauer, sondern nur zwei inzwischen eingelegte Tore. Besonders schön ist der Stadtkern mit malerischen Fachwerkhäusern und der *Marienkapelle* aus dem 13. Jh.

● **Stadtrundgang** - 1½ Stdn - Vom *Wasserschöpfrad* **(1)** li *Hauptstr.* Sandsteinbau, ehem. Gefängnis, gegenüber das **(2) alte Rathaus**. Ger zum *Marktplatz* mit schönen Fachwerkhäusern, danach re und wieder li zur **(3) Marienkapelle**, 1308 urkundlich erwähnt. Sie beherbergt u. a. die *Strahlenmadonna,* das bedeutendste Kunstwerk des hier geborenen *Friedrich Theiler.* Am Ausgang re und li Fußweg am **(4) Kindergarten**, Stiftung des *Kgl. Geistl. Rates* von 1912, vorbei. Str re am alten Stadel vorbei, *Wiesent* überqueren, zur *Alten Wache*, ehem. bischöfl. **(5) Rentamt**, re alte Mühle. Str zurück zur neuromanischen **(6) kath. Stadtpfarrkirche** auf dem Grund der alten Wehrkirche aus dem 14. Jh. Davor die vier Ortsheiligen, li schöner Ölberg und re an Mauer Gedenktafel für *Friedrich Theiler.* Christus über dem Hauptaltar von *Friedrich Theiler. Maria* und *Johannes* vom *Bamberger Bildhauer Gollwitzer*, re an der Wand Gnadenstuhl, 14. Jh. Vor der Kirche re, Str *Kirchenwehr* zum alten **(7) Scheunenviertel**. Wieder zurück und re Ri *Bahnhof* zum ehem. *Amtsgericht*, **(8) Bürgerhaus** mit *Verkehrsamt* und *Heimatmuseum.* Davor Eber, am Haus das Stadtwappen und Relief aus der Partnerstadt *Chantonnay.* Felsstein erinnert an *Ludwig Thieck* und *Wilh. Heinr. Wackenroder*, die den „Ritt durch Ebermannstadt und die Fränkische Schweiz“ verfasst haben. An der Brücke mit Schafwäscher li durch die kleine Anlage mit *Christopherusbrunnen* vor *Rathaus*, der *Wiesent* folgend zurück zum *Wasserrad.*

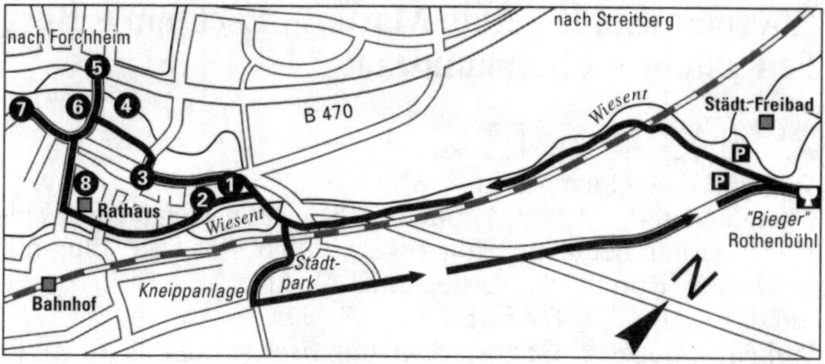

● **Ebermannstadt – Rothenbühl** – ½ Std – Mit *[Rotem Punkt]* re über *Wiesent, [Roten Punkt]* verlassen ger *Ww [Stadtpark]* durch Scheunen aufw. Bahn überqueren, im Park li aufw. An Kapelle mit *[Rotem Kreuz]* li, dann Str kreuzen, Str ger bis *Rothenbühl.*

● **Landgasthof Bieger** – Ruhige Lage in schöner Landschaft *MW* fernab vom Straßenlärm, unweit vom Erlebnisbad. Familiäre Atmosphäre, gemütliche rustikale Räume, gutbürgerliches Essen, auch Fisch. Kuchen und Torten aus eigener Herstellung. Schöner Wirtsgarten, für Kinder geschlossener Spielplatz, Streichelzoo. – *ÖZ: Di–Fr ab 15 Uhr, Sa, So durchgehend; Ru=Mo.*

Ebermannstadt - Rote Marter - Eschlipp - Burg Feuerstein - Ebermannstadt

Weg und Zeit - knapp 15 km - 4 Stdn.

Charakteristik - Anfangs romantische, stetig steigende Waldpfade, später bequeme Höhenwege durch viel freie Flur mit herrlichem Rundblick. Abstieg durch Wald.

Anfahrt - An der B 470 *Forchheim - Pegnitz.*

Parken - Gäste-P *Gasthof Zum Bayerischen* oder P 1, Str Ri *Gößweinstein.*

● **Ebermannstadt - Rote Marter** - 1¼ Stdn - Beim *Gasthof Zum Bayerischen* die *Forchheimer Str* kreuzen und ger dem *Breitenbach* folgen. Beim Kruzifix vor dem Brunnen re, *Friedhofstr.* Am
MA Friedhof mit *[Rotem Ring]* li, *Ww [Rote Marter].* Bei Gabelung re aufw, *Obere Röth.* An Kreuzung ger, dann li, *Schottenberg.* Nach 400 m re aufw zum Wald und am Wald li, *Grubweg.* Waldweg allmählich aufw, durch Sandsteinfelsen. Vor Sitzgruppe an Gabelung li, schöner Waldweg, vorbei an der Pilzvitrine, ger durch den Hangwald. Nach der Beerentafel biegt der *Lehrpfad* re ab, kurz ger, dann halb re stetig steigend bis *Rote Marter.*

● **Rote Marter - Eschlipp - Burg Feuerstein** - 1¾ Stdn - Fahrweg mit *[Grünem Senkrechtstrich]* aufw, *Ww [Burg Feuerstein].* Am Ende eines Ackers, bei alter Linde, *[Grünen Strich]* verlassen, li mit *[Rot-Weiß-Diagonal]*, *Ww [Drügendorf].* An gr Ackerlichtung re abw, dann ger, re die Felder. Str kreuzen, ger aufw und li, auch *[Gelber Punkt].* Auf Teerweg mit schöner Rundsicht bis *Eschlipp.* Im Ort 30 m re, dann mit *[Rotem Ring/Gelbem Punkt]* li abw in die Mulde und nach den Feldscheunen li. Nach 200 m re aufw. Ca. 1 km ger, Blickrichtung *Burg Feuerstein*, dann Fahrweg li zum *Pfadfinderhaus Lindesberg* und dort im Wald re abw. Bei Pumpwerk durch Waldecke, Querweg mit *[Gelbem Strich]*, kurz re, dann li aufw durch Wald bis zur *Burg Feuerstein* zur Einkehr im

● **Gasthof-Pension „Zur Burgschänke" mit Reiterstübchen** - Ruhige Lage im Wald, in der Nähe ein Damwildgehege. Behagliche Gästezimmer, urgemütliche Gasträume und schattiger Biergarten. In familiärer Atmosphäre gibt es regionale, gutbürgerliche Küche. Brotzeiten mit Wurstwaren aus eigener Schlachtung. Hausgemachte Kuchen. Bier vom Fass. Untere bis mittlere Preise. - P - *Ru = Fr.*

● **Burg Feuerstein - Ebermannstadt** - 1 Std - Vom *Gasthof* am Spielhof vorbei zur Burg, zwischen Burg und Treibhaus zum gr
OM Burghof. Re durch Wald zur Schranke und am P vorbei. Auf Str li, mit schöner Aussicht abw. In gr Linkskurve re ab, durch die Trockengraswiese. Am Abgrund Fahrweg re und in der Linkskurve *ohne Markierung* abw durch Wald. Vor Haus auf der bewaldeten Höhe re, *Ww [Ebermannstadt].* Unten am Zaun li,

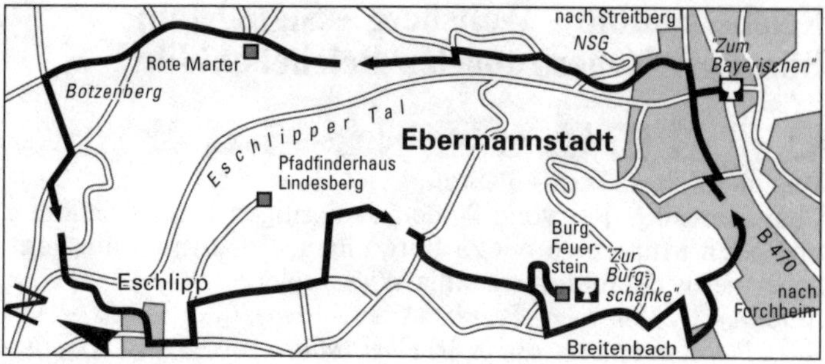

dann re weiter abw zum Waldende. Str abw und zweite Str li, *Von-Ketteler-Str*, *Mittelschulweg* kreuzen, ger durch Anlage mit alter Weide. *Kirchenweg* ger, an Schule re, dann li an der Wiese entlang und auf Schulweg bis zum *Breitenbach*. Dann auf bekanntem Weg re zur Einkehr im

● **Gasthof-Café-Restaurant Zum Bayerischen** - Zentrale Lage, mit rustikalen Gasträumen und urgemütlichem Biergarten. Komfortable Gästezimmer. Umfangreiche Speisekarte mit Braten- und Schnitzelspezialitäten aus eigener Schlachtung. Auch Wild, Fisch, Geflügel. Angebote für Wandergruppen. Untere bis mittl. Preise. - P - *Kein Ru.*

Reichelsmühle – Wolfsberg – Signalstein – Bärnfels – Obertrubach – Reichelsmühle

Weg und Zeit – 11 km – 3¼ Stdn.

Charakteristik – Reizvolle Pfade an mächtigen Felsformationen und alten Mühlen vorbei zu Burgruinen, Felstürmen mit herrlicher Fernsicht und durch stille Wiesentäler.

Anfahrt – B 2 *Nürnberg–Pegnitz,* Abzw. *Almos,* über *Möchs.* – A 9, *Ausf. Plech,* über *Betzenstein,* Ri *Obertrubach.* – A 9, Ausf. *Pegnitz-Grafenwöhr,* B 2 über *Weidensees* und *Leupoldstein.* – Buslinien von *Gößweinstein* oder *Forchheim.*

Parken – Gäste-P *Pension-Restaurant Treiber* oder Wander-P am *Richard-Wagner-Fels* westlich der *Reichelsmühle.*

● **Reichelsmühle – Wolfsberg – Signalstein** – 1 Std – Neben der
MA Str mit *[Blauem Strich]* und *[Grünem Punkt].* Li die *Reichelsmühle,* dann re der *Richard-Wagner-Felsen.* Beim P Str kreuzen, *Trubach* überqueren, im Wald aufw und nach Felsberg re abw.
MW Unten mit *[Grünem Punkt]* re und in *Wolfsberg* re Ri *Gschwand.* Vorbei an Burgkeller und -brunnen zur ehem. Schule. Dort li die Treppen hoch zum *AP.* Wieder unten li kurz Ri Dorf abw
MW und scharf re mit *[Rotem Punkt]* aufw. An Sitzgruppe re und bei Gabelung re am Obstgarten vorbei. Teerweg kreuzen, ger, *Ww [Signalstein/Sorg]* durch Wald und vor Obstgarten auf Ackerrain re zum *Signalstein* mit *AP.*

● **Signalstein – Bärnfels** – 1 Std – Nach Felswand Fahrweg re um die Schutzhütte. An Kreuzung re abw, nach 200 m li abw, auch
MW *[Roter Ring]. [Blauer Ring]* kommt vom *Franzosenstein* und mit beiden Zeichen nach 50 m li aufw und später Str aufw. Li endet der Wald, Str verlassen und re durch die Waldinsel und am Klärweiher vorbei. Str schräg kreuzen und li am Waldrand entlang, auf Geländestufe ger durch Wiese zum linken Wald, kurz re, dann li durch die Hecken in den Wald und re aufw. Str kreuzen und ger, am Waldende ger nach *Bärnfels* abw und im Dorf re. Str kreuzen ger und li zur Einkehr im

● **Gasthof Drei Linden** – Ruhig gelegen, mit gemütlichen Gasträumen und schöner Terrasse. Moderne Gästezimmer. Angenehme gepflegte Atmosphäre, gutbürgerliches fränkisches Essen, aus eigener Metzgerei stets frisch zubereitet. Saisonale Spezialitäten wie Spargel, Waldpilze, Forellen. Senioren- und Kinderteller. Feinschmecker-Menüs, Diät, Schonkost auf Wunsch. Untere bis mittl. Preise. – P, Garagen. – *Kein Ru.*

● **Bärnfels – Obertrubach – Reichelsmühle** – 1¼ Stdn – Am Feu-
MW erwehrhaus li zum Wald. Mit *[Grüner Raute]* re durch Wald und ein Trockental, dann re zum Wander-P und li neben Str nach *Obertrubach.* Beim Rathaus durch die Anlage und li, dann Str re an der Felsengrotte (ehem. *Trubachquelle*) vorbei zu *Trubach-*

quelle. Am Stadel re, mit *[Blauem Punkt] Trubach* überqueren und li Waldpfad. Am *Blechstein* 50 m auf alter Str, dann re aufw. Pfad parallel mit Str aufw und abw, an Felswänden, *Hackermühle, Schlöttermühle, Römerbrücke* und *Ziegelmühle* vorbei zum *MW*

● **Restaurant-Pension Treiber** - Ruhige Waldrandlage. Behagliche Gästezimmer. Familiäre Atmosphäre in gemütlichen Gasträumen, Terrasse und Biergarten. Regionale Speisen, auch für gehobene Ansprüche, reichhaltige Karte. Fisch-, Gans-, Wild- und Grillspezialitäten. Kinder- und Seniorenteller. Hausgemachte Kuchen. Gute Weine. Günstige bis gehobene Preise. Wandergruppen willkommen. - P. - *Ru = Mi.*

Obertrubach - Bärnfels - Leienfels - Obertrubach

Weg und Zeit - 10 km - 2½ Stdn.

Charakteristik - Geruhsame schöne Talwege mit nur kurzem Steilanstieg zu zwei Burgruinen mit schönen Ausblicken.

Anfahrt - B 2 *Nürnberg–Pegnitz*, Abzw. *Almos*, über *Möchs. - A 9, Ausf. Plech,* über *Betzenstein,* Ri *Obertrubach. - A 9,* Ausf. *Pegnitz-Grafenwöhr, B 2* über *Weidensees* und *Leupoldstein.* - Buslinien von *Gößweinstein* oder *Forchheim.*

Parken - Gäste-P *Gasthof „Fränkische Schweiz"* oder Wander-P an der Str nach *Gößweinstein* am *Pitztal.*

● **Obertrubach** - Der staatlich anerkannte Erholungsort liegt eingebettet in einem von Felspartien umrahmten Talkessel. Unterhalb des Ortes entspringt die *Trubach*, deren weiterer Talverlauf jedes Wandererherz höher schlagen lässt. Die ehem. Burg der *Freiherren von Egloffstein* wurde im Bauernkrieg vernichtet.

● **Obertrubach - Bärnfels** - ½ Std - Die *Teichstr* Ri *Gößweinstein*, beim Rathaus re. Am Ortsende re neben der Str, bis zum P
MA *Therapeutischer Wanderweg.* Jetzt mit mehreren Zeichen re ins *Pitztal.* Am *Marterl* re, nächste Gabelung li, Halbhohlweg bis Dreiergabel. Hier li, *Ww [Gründleinstal, Café-Pension Brütting]*,
MW 1,5 km. Mit *[Grünem Karo]* auf grasigen Pfaden durch das stille Tal hinauf nach *Bärnfels.* Vor dem Ort li durch die Wiese zum *Gästehaus Brütting.*

● **Aufstieg zur Burgruine Bärnfels und zum AP** - Ca. 100 m nach *Feuerwehrhaus* re, Chronik auf Info-Tafel an den Treppen.

● **Gästehaus Brütting** - Sehr ruhig am Waldrand gelegene Frühstückspension, gr P am Haus. Großzügige, behagliche Gästezimmer, gr Gartenterrasse. In familiärer, ungezwungener Atmosphäre lässt man sich im Terrassencafé hausgemachten Kuchen und Gebäck zum Kaffee schmecken. - *ÖZ (Café): 14.30–17.30 Uhr. - Ru = Fr.*

● **Bärnfels - Leienfels** - 1 Std - Vom *Gästehaus Brütting* ger zwischen Backofen und Wohnhaus durch. Die Str re und nach dem Feuerwehrhaus re, *[Grünes Karo/Gelbes Eck/Roter Punkt].* Im Wald an Gabelung mit *[Rotem Punkt]* li auf schönem Waldpfad aufw und abw ins liebliche *Pitztal.* Hier li, auch *[Rotes Herz/Gel-*
MW *ber Strich].* Nach 100 m *[Gelben Strich]* verlassen, mit mehreren Zeichen re. Am Wald an Gabelung re, dann stetig aufw, *[Gelbes und Blaues Kreuz]* kommen hinzu.

● **Aufstieg zur Burgruine Leienfels** - s. S. 42.

● **Leienfels - Obertrubach** - 1 Std - An der Eisenbahnanlage vorbei mit *[Gelbem Kreuz]* aufw. Im Wald abw und bei Gabelung li, später auf dem Querfahrweg li, bis zur Kreuzung. Jetzt
MW dem *Fraischweg* folgen, Markierung *[Schwert mit Jahreszahl].*

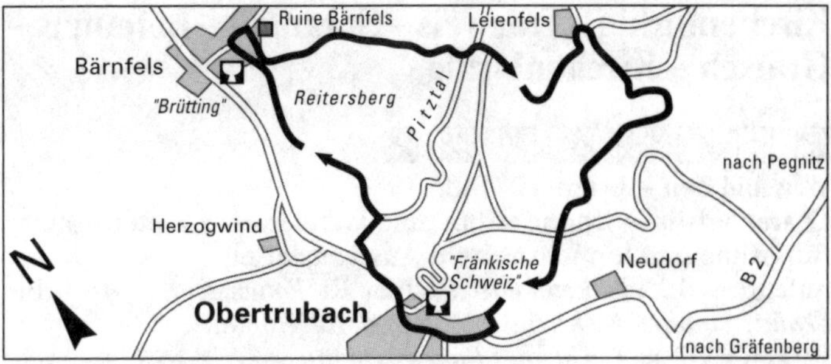

Schöne gewundene Waldpfade führen auf und ab, an sieben alten Grenzsteinen mit *Nürnberger Wappen* vorbei und dann steil hinunter ins *Trubachtal* zur Einkehr im *Gasthof-Pension „Fränkische Schweiz“*.

● **Gasthof-Pension „Fränkische Schweiz“** – In Ortsmitte gelegen, P beim Haus. Gemütliche Gasträume, Terrasse. Gutbürgerliche Speisen aus prämierter fränkischer Küche. Spezialitäten: Lebendfrische Forellen, gegrillte Schweinshaxen, Wild- und Pilzgerichte. Mittlere Preise. – *Ru = Saison: Do ab 14 Uhr; sonst Do ganztägig.*

Kirchenbirkig – Trägweis – Soranger – Leienfels – Graisch – Kirchenbirkig

Weg und Zeit – 12 km – 2¾ Stdn.
Charakteristik – Schöne, erholsame Wanderung zu interessanter Burgruine und lohnenswertem Aussichtsfelsen.
Anfahrt – B 2 bis *Leupoldstein*, hier Ri *Pottenstein.* – B 470 bis *Schüttersmühle*, Ri *Kirchenbirkig* bzw. *Regenthal.*
Parken – Gäste-Ⓟ *Gasthof Bauernschmitt.*

● **Kirchenbirkig – Trägweis – Soranger – Leienfels** – 1½ Stdn – Am
MA *Gasthof Bauernschmitt* kurz abw und mit *[Grünem Punkt]* li, *Ww [Gößweinstein].* Nach 150 m re, Wiesenweg zum Wald. Nach
MW 1 km kommt das *[Blaue Kreuz]* aus *Pottenstein* dazu. Mit diesem Zeichen weiter. In *Trägweis* kurz re, dann scharf li, *Ww* an Doppelgarage. Auf Fahrweg leicht aufw, im Wald an Gabelung re und nach 30 m li dem grasigen Weg folgen. In *Soranger* re, vor der Kapelle li und draußen ger abw. Str li, auch *[Gelber Strich]*, nach 30 m li. Abw durch Wald und Felder, Querstr kreuzen und Pfad ger. Bei Gabelung li aufw, mit *[Gelbem Strich]* re. Zwei Waldfahrwege kreuzen, nach den Felsen abw zur Str und aufw zur Einkehr im *Gasthof Zur Burgruine* in *Leienfels.*

● **Aufstieg zur Burg** – Nach der Dorfkapelle li aufw und im Wald re durch den Torbogen am Rundturm zum *AP.* Im August alljährlich Freilichttheater auf der Burg.

● **Gasthof-Pension Zur Burgruine** – Einzigartig in exklusivem Wandergebiet zu Füßen der Burgruine gelegenes Haus mit gemütlichen Gasträumen und gr Terrasse. Gutbürgerliche Küche, bekannt sind Sauerbraten, Schäufele sowie Wild aus eigener Jagd. Verschiedene Freizeitmöglichkeiten für Hausgäste. Untere bis mittl. Preise. – *Ru = Mo.*

● **Leienfels – Graisch – Kirchenbirkig** – 1¼ Stdn – Vom *Gasthof*
MW *Zur Burgruine* der Str abw bis *Graisch* folgen. Mit *[Rotem Punkt]* die Str kreuzen, am Wald Str aufw und an Wohnhäusern vorbei. Danach li Fahrweg aufw durch Wald. Oben li, *Ww [Bleistein],*
OM *ohne Markierung* mit Waldpfad zu Felsgrat. Li Möglichkeit zur Besteigung, schöner *AP.* Dann re neben dem Felsriff auf dem Pfad bis zum Querfahrweg. Re zurück zum Waldrand und mit
MA *[Rotem Punkt]* ger zur Str. Im Wald immer ger, drei Fahrstr kreuzen, dann kommt der *[Grüne Punkt]* re von *Regenthal* und danach *Ww.* Jetzt mit *[Rotem Punkt]* re am Wald entlang und durch die Felder nach *Kirchenbirkig.* Am Backofen re zur gepflegten Einkehr im *Gasthof Bauernschmitt.*

● **Gasthof Bauernschmitt** – Umweltbewusster Hotel- und Gaststättenbetrieb mit gemütlichen Gasträumen und Gartenterrasse. Freundlich-familiäre Atmosphäre, reichhaltige Speisenauswahl aus gutbürgerlicher Küche mir saisonalen Spezialitäten.

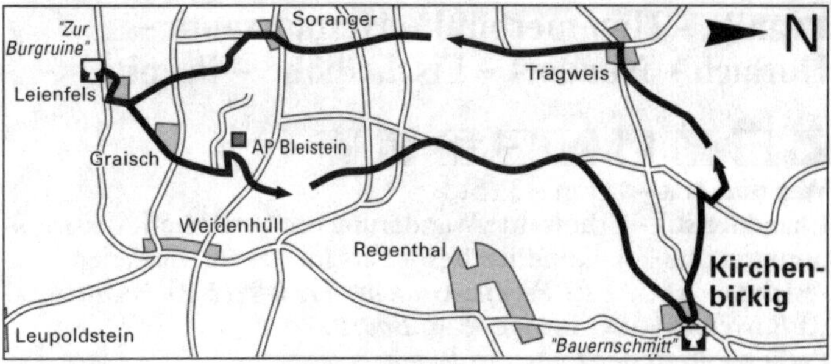

Preisgekrönt im Wettbewerb Bayerische Küche. Untere bis mittl. Preise. – *Ru (1. Nov.–31. März) = Do.*

● **Weiterer Rundweg** – 1¼ Stdn – Mit *[Grünem Punkt]*, schräg gegenüber der Kirche mit *Ww [Klumpertal]* li, ger durch die Felder. Im Wald kommt das *[Grüne Kreuz]* dazu und mit beiden Zeichen abw ins *Klumpertal.* Bach überqueren und li ins *Weihertal.* Str li, am *Weiherstaler Männchen* vorbei und am Ⓟ li, Bach überqueren. Dann re, *[Roter Punkt/MD-Weg]*, bis zur *Teufelshöhle.* *MW* Durch die Vorhalle und hinter dem Gasthaus mit *[Rotem Punkt]* li aufw zum Höhlenausgang. Dort ger, *Ww [Weidenloh]*, auf freier Flur *[Grünes Kreuz]* kreuzen und ger bis *Kirchenbirkig.*

Pegnitz - Hammerbühl - Heroldsreuth - Horlach - Neudorf - Fischelhöhe - Pegnitz

Weg und Zeit - 11 km - 3¼ Std.
Charakteristik - Erholsame Wanderung mit herrlichen Aussichtspunkten und karstkundlich besonders interessanten Zielen.
Anfahrt - A 9, Ausf. *Pegnitz-Grafenwöhr*, B 85/2 Ri *Pegnitz* und Ri *Bayreuth*, vor Ortsende Ⓟ an *Badstr.*
Parken - Ⓟ an der *Badstr* in *Pegnitz.*

● **Pegnitz** - Die Altstadt mit schönem *Altem Rathaus* und *Bartholomäuskirche* wird von zwei Armen der *Fichtenohe* umschlossen. Der Hauptarm nimmt die *Pegnitz* auf und verliert dabei den Namen, sein Bruder, der *Mühlbach*, kreuzt die *Pegnitz* und verschwindet im *Wasserberg,* um erst nach 400 m unterirdischem Lauf den *Fluss* zu erreichen. Sehenswert: *Zaußenmühle* an der *Pegnitzquelle,* Aussichtsturm auf dem *Schlossberg.*

● **Pegnitz - Hammerbühl - Heroldsreuth - Horlach** - 1½ Stdn -
Von der *Badstr* zur *Hauptstr*, re am Schweinehändler-Denkmal
vorbei zum *Alten Rathaus. Rosengasse* abw zur *Bartholomäuskirche* und re. *Pegnitz* überqueren, mit dem Fluss li zur *Schlossstr.*
Li *Pegnitz* überqueren und re über Bogenbrücke in *Röschmühlweg.* Mit *Fluss* durch Bahn, re *Pegnitz* überqueren und re durch
die Bahn. Re *Röschmühle,* li *Fichtenohe-Versickerung.* Nach 40 m
OM scharf li aufw, am Querweg *ohne Zeichen* re. *St.-Barbara-Str* ger,
MA *Hans-Böckler-Str* aufw, *[5 in Blauer Spitze],* Kreuzung ger, 2. Str
li, zwischen Haus Nr. 41 und 39 re, durch Wiese, Gabelung re,
Pfad durch Wald abw. Im *Pegnitztal* ger, re Felsen, aufw und
abw, re mit Bahn, dann aufw, Str 200 m aufw und *Pommernstr* li.
Querstr kreuzen und ger. Grasweg durch Felder und Wald abw,
Querweg re. Am Wald li aufw durch Felder und abw. Str vor
MW *Heroldsreuth.* Mit *[Grünem Ring]* Str aufw, Ri *Horlach.* Nach
knapp 100 m halb re durch die Wiese aufw und nach Stein. Li zur
Str und mit der Str re bis zum

● **Gasthaus Peter** - Sehr ruhig und trotzdem zentral gelegen. Komfortable Gästezimmer. In gemütlich-rustikalen Gasträumen und im Biergarten gibt es bei zünftiger familiärer Atmosphäre gutbürgerliches fränkisches Essen. Spezialitäten: Haxen und Schäufele aus eigener Schlachtung sowie Wild aus dem *Veldensteiner Forst.* Kinder- und Seniorenteller. Bier vom Fass. Untere bis mittl. Preise. - *Ru = Mi.*

● **Horlach - Neudorf - Gedenkstätte - Pegnitz** - 1¾ Stdn - *Weinstr* li an Kapelle vorbei, dann 25 m Ri *Nemschenreuth* und li, *Eichenacker.* Bei Nr. 6 li abw. Am Wald 5 m li, dann Waldpfad aufw
MW und li, später auf breitem Weg re abw. Bei Kreuzung mit *[Rotem*
OM *Punkt]* re durch Felder und Wald. Str *ohne Zeichen* aufw nach
Neudorf, AP. Str *Kreuztanne* re, dann li, Str kreuzen, ger durch

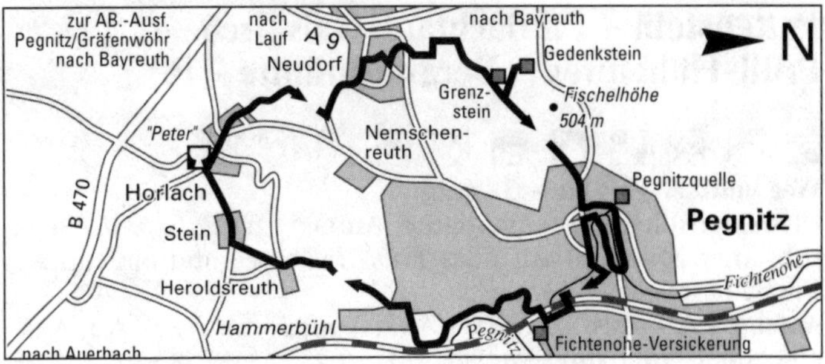

Wald. Am Waldrand abw und Str li, am Leitplankenende kreuzen. Ger aufw und li zum Waldeck. Mit *[Gelber Raute]* re abw und re aufw. Wieder abw und am Wald ger aufw, auch *[Grüner Ring].* Am Forstgrenzstein *ohne Zeichen* li und mit *[Gelbem Strich/Grünem Kreuz]* durch Wald und Ackerlichtung zu Denkmal. Zurück und mit allen Zeichen abw nach *Pegnitz.* Str *Am Schlossberg* kreuzen, li zur Kirche *Mariä Namen*, dann *Hauptstr* Ri Innenstadt. An Brücke li in die *Raumergasse* zum Zusammenfluss von *Pegnitz* und *Fichtenohe. Bayreuther Str* li zur *Zaußenmühle* und *Ww [Pegnitzquelle].* Zurück in den *Erlenweg,* dann re *Fichtenohe* überqueren und li am Bach zum P.

MA

MW

Pottenstein - Püttlachtal - Gaiskirche - Prüll-Höhenweg - Bergwachthütte - P.

Weg und Zeit - 14 km - 3½ Stdn.

Charakteristik - Ein romantischer Auftakt im *Püttlachtal*, ein geruhsamer Mittelteil auf dem *Prüll-Höhenweg* und ein furioses Finale beim *Bergwachtkreuz.*

Anfahrt - A 9, Ausf. *Pegnitz.* - A 73, Ausf. *Forchheim.* - A 3, Ausf. *Höchstadt-Ost*, dann jeweils B 470.

Parken - Gäste-P *Gasthof „Goldene Krone“*. - P Ortsmitte (Parkschein). - P an der B 470 bei Abzweigung Ri *Gößweinstein.*

● **Pottenstein** (350–450 m) - Staatl. anerkannter Luftkurort in herrlicher Lage am Zusammenfluss der Täler von *Püttlach*, *Weihersbach* und *Haselbrunnbach* zu Füßen der über 1000-jährigen Burg und umrahmt von prächtigen Felsen. - *Kath. Pfarrkirche St. Bartholomäus*, 1120 genannt, mehrfach erweitert, sehenswerte Ausstattung, bedeutende Altäre, 12 Apostel, Zwiebelhaube um 1800. - *Kath. Kunigundenkirche (Spital- u. Friedhofskirche)* 18. Jh., sehr gute Rokoko-Ausstattung. - Viele schöne Fachwerkhäuser.

● **Burg Pottenstein** - 918 auf Geheiß *König Konrads I.* zum Schutz gegen die *Magyaren* und *Slawen* erbaut. Ab 1066 Ausbau unter *Pfalzgraf Botho von Kärnten* (*„Bothostein“ - „Bodinstein“*). Um 1200 Besitz des *Bistums Bamberg.* 1227/28 Zufluchtsstätte der *Hl. Elisabeth, Landgräfin v. Thüringen*, nach dem Tod ihres Mannes. Heute im Besitz des *Frhrn. v. Wintzingerode.* Hervorstechend: *Elisabethzimmer, Roter Salon, Rittersaal*, Aussichtsterrassen. - *ÖZ: Mai-Okt., Di–Sa, 10–17 Uhr, zusätzl. Ostern und Pfingsten.*

MA ● **Der Rundweg** - Vom *Rathaus/Gästezentrum* mit *[Rotem Kreuz]* die *Hauptstr* ortseinwärts, vorbei an der *Bartholomäuskirche* zum *Marktplatz* mit Brunnen der *Hl. Elisabeth.* Dahinter der *Gasthof „Goldene Krone“* (s. auch S. 48). *Hauptstr* weiter, maleri-

sches Stadtbild. Bei Haus *Mariental 2* das *Löhrgäßchen* ger **(!)**. Einzigartige Talbegrenzung! Ortsende, Waldeintritt. Romantischer Wanderpfad durchs **Püttlachtal**, *Leo-Jobst-Weg.* Teils am Bach, teils hoch darüber, einmalig schön! Immer wieder prächtige Felsgestalten. Kl Wasserfälle wechseln ab mit verträumten, idyllischen Partien. Später Steg li, breiten Weg zur jähen, höchst eindrucksvollen **Gaiskirche**, einer Felswand mit extrem schweren Kletterrouten. Danach Waldpfad zwischen Felsen und Bach.
MW Kurz vor *Heiligensteg* an Pfadgabel mit *[Blauem Strich]* ger **(!)**, (*[Rotes Kreuz]* biegt halb re ab). Linksbogen aufw und durch die Stille des Waldes über die *Prüll-Hochfläche.* Nach **(!)** der gr Lich-
MW tung mit *[Gelbem Punkt]* scharf **(!)** li, **Prüll-Höhenweg**. Zunächst Lichtungsrand, dann kurz re, sofort auf breitem Weg li. Erholsamer Weg. Nun unbeirrt *[Gelbem Punkt]* folgen. Später kreuzt *[Blauer Punkt].* Hier mit *[Gelbem Punkt]* li **(!)**, bis zum Linksabzweig mit *Ww* **(!)**. Kräftig abw zur **Bergwachthütte**. Ganz phantastischer Blick über *Pottenstein.* Lohnender Abstecher zum *Bergwachtkreuz* (1989). Treppen abw, *Mariental* li, *Püttlachbrücke*, *Hauptstr* re zum

● **Gasthof „Goldene Krone" mit Gästehaus „Reussenmühle"** – Traditionsreicher Gasthof in einer der ältesten Mühlen *Bayerns* (13. Jh.). Ruhige Zimmer. Gemütliche Gasträume. Innenhof, Gartenteich und Liegewiese. Gepflegte Atmosphäre. Fränk. und intern. Gerichte. Spezialitäten: Wild, Forellen, Schmankerlbüffet. Herzhafte Brotzeiten. Schöner Mittagstisch. Mittl. Preise. – *Ru (nur 15. 10.–15. 4.) = Mi.*

Pottenstein – Weihersbachtal – Teufelshöhle – Elbersberg – Kapellen – Burg – Pottenstein

Weg und Zeit – 11 km – knapp 3 Stdn.

Charakteristik – Ein Weg mit vielen Höhepunkten: *Weihersbachtal, Schöngrundsee, Teufelshöhle*, Höhenweg zwischen *Elbersberg-* und *Hofmannskapelle, Burg Pottenstein.*

Anfahrt und Parken – Wie S. 44.

● **Der Rundweg** – Von der *Elisabethen-Statue* (an der B 470 gegenüber der Burgauffahrt) Str Ri *Gößweinstein*, Einfahrt P halb
MA li mit *[Blauem und Gelbem Strich/MD-Weg].* Fußweg neben dem **Weihersbach** durchs hübsche Tal mit prächtiger Felskulisse. Oberhalb des idyllischen *Schöngrundsees*, dann am klaren *Weihersbach* entlang zur

● **Teufelshöhle** – Riesiger Eingang. Vollständige Erschließung durch *Hans Brand* (1922–30) in einer Länge von 1500 m. Verstürztes unterirdisches Bachbett eines ehem. Höhlenflusses. Zwei gewaltige Höhlenräume: „Barbarossadom" und „Riesen-

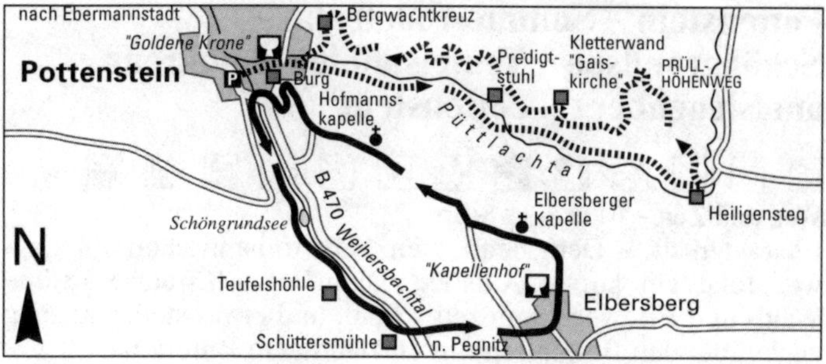

saal“. Märchenhaft schöne Tropfsteingebilde, u. a. „Kaiser Barbarossa“, „Barbarossabart“, „Kreuzigungsgruppe“. Höhlenbärenskelett. - Bedeutende *Therapiestation* für Atemwegserkrankungen (Speläotherapie), 1. 3.–31. 11. tägl.

● **Forts. Rundweg** - Vom Höhlenausgang mit *[Rotem Punkt]* *MW*
durch Felspassage zurück. Vorm *Weihersbach* re, mit *[Blauem* *MW*
Strich] und anderen Zeichen wie Herweg. Nach den Fischteichen Steg li, B 470 re, 100 m **(!)**, dann drüben verstecktes Pfädchen **(!)** halb li **(!)**, *[Roter Punkt].* Unter Felswänden aufw. Fels- *MW*
rondell. Oben Graspfad längs der Stromleitung **(!)**. Freies Feld. Mit schöner Rundsicht nach **Elbersberg**. Vorbei an der *kath. Kirche St. Jakobus* (1835). Ortsmitte li, *Ww* zur

● **Gaststätte Kapellenhof** - Sehr ruhige Aussichtslage. Behagliche Komfortzimmer. Rustikale Gaststube. Angenehme Atmosphäre. Gutbürgerliche Küche, u. a. kl warme Speisen. Eigene Schlachtung. Spanferkelbüffet für Gruppen. Herzhafte Brotzeiten. Auch Kinder- und Seniorenteller. Untere bis mittl. Preise.- P - *Ru = Mi.*

● **Forts. Rundweg - Elbersberger Kapelle**, davor li, *[Blauer Senk-* *MW*
rechtstrich]. Durch eine wunderschöne Landschaft mit weiten Ausblicken zur **Hofmannskapelle**. Davor **(!)** li, später Lindenbaumreihe abw und hinüber zur Burg (s. S. 44). Zurück und mit *[Blauem Strich]* abw zur *Elisabethen-Statue.*

Pottenstein – Sommerrodelbahn – Schöngrundsee – Teufelshöhle – Feldkreuz am Siegenberg – Pottenstein

Weg und Zeit – 6 km – 1½ Stdn.

Charakteristik – Dem bequemen, sehr romantischen Talhangweg folgt ein kurzer Aufstieg. Dann aussichtsreiche schöne Wald- und Feldwege, kurzzeitig Pfad, und etwas steiler Abstieg gegenüber den Burgfelsen mit einzigartigem Panorama.

Anfahrt – An der B 470 *Forchheim – Pegnitz.* – Von *Nürnberg* B 2 bis *Leupoldstein*, dann über *Kirchenbirkig* nach *Pottenstein.*

Parken – Am südl. Ortsausgang an der B 470, P in Straßengabelung an der Abzweigung *Gößweinstein* oder P *Sommerrodelbahn.*

● **Pottenstein** – S. S. 46.

● **Pottenstein – Sommerrodelbahn** – ¼ Std – Auf Fuß- und Rad-
MA weg neben dem *Weihersbach* mit *[Blauem und Gelbem Strich]* und *[MD-Weg]* Ri *Teufelshöhle*, auch *Ww [Sommerrodelbahn].* Nach 120 m Gabelung, jetzt auf dem Fußweg re neben dem Bach auf erholsamem Wege durch herrlichen Hangwald mit schönen Felsen. Nach 100 m li über den Bach zur *Sommerrodelbahn.*

● **Sommerrodelbahn** – Die am Hang in einem der reizvollsten Juratäler der *Fränkischen Schweiz* 1997 eröffnete Bahn wird als die *schönste Sommerrodelbahn Deutschlands* bezeichnet. Es ist ein unvergesslich schönes Vergnügen, im zweisitzigen Schlitten die 14 Steilkurven mit zwei großen S-Kurven mit Blick auf das alte *Pottensteiner Felsenbad* hinabzusausen. Die Geschwindigkeit auf dieser 1160 m langen Strecke kann man natürlich selbst bestimmen. Der ganze Sport ist sehr leicht zu erlernen und die Brems- bzw. Beschleunigungshebel sind denkbar einfach zu bedienen.

● **Sommerrodelbahn – Schöngrundsee – Teufelshöhle** – ¼ Std – Von der *Sommerrodelbahn* zum nahen *Schöngrundsee* und am Ufer re, im Wald den Steig aufw und li oberhalb des Sees durch den felsenreichen Wald, teilweise zwischen Felsen hindurch. Bei Gabelung re, kurz aufw an Felswand entlang und an der nächsten Gabelung li die Stufen abw zum überdachten Steg. Re an den Felsen entlang und weiter zum mächtigen Eingang der *Teufelshöhle* (s. auch S. 48). Wenn die Höhle geschlossen ist, über den Steg zur Str und re zu dem imposanten Höhleneingang.

● **Teufelshöhle – Höhlenausgang – Golfplatz – Feldkreuz** – ½ Std –
MW Kurz zurück und nach dem Kiosk mit *[Rotem Punkt]* li Steig aufw. Bei geschlossener Höhle unten kurz Ri *Pottenstein* und auf überdachtem Steg über den Bach und mit *[Rotem Punkt]* li

den Steig aufw, *Ww [Kirchenbirkig].* Durch eine romantische Felsengasse zum Ausgang der *Teufelshöhle.* Hier ger aufw, *Ww [Weidenloh]*, re neben der Wiese weiter. Am Wald *Ww*, mit dem *[Gelben Karo]* re, Ri *Pottenstein*, im Wald aufw und auf Fahrweg *MW* li. Am Golfplatz entlang zum Ende des Lifters der *Sommerrodelbahn* am Start der Abfahrt. Keine Einsteigemöglichkeit! Fahrweg abw, Str kreuzen und auf geteertem Weg ger bzw. re aufw, am Übernachtungsparkplatz für Wohnmobile vorbei. Nach der Scheune an Gabelung re auf Grasweg am Wald entlang, dann durch Obstbaumlichtung und Niederholz. Mit dem Querweg li aufw bis zum hohen steinernen Feldkreuz unter drei Laubbäumen auf dem *Siegenberg.*

● **Feldkreuz – Pottenstein** – ½ Std – Auf Feldweg re, bei Gabelung mit *[Blauem Kreuz]* re abw und nach ca. 100 m, beim Birn- *MW* baum, re auf Graspfad abw durch die Schlehenhecken zu einem weiteren Feldkreuz oder mit dem grasigen Feldweg re und dann am Feldkreuz an Kastanien vorbei mit schönem Blick auf *Pottenstein* und den mächtigen Burgfelsen mit dem *Burgstadel* direkt gegenüber. Auf altem Fahrweg mit Radspuren auf dem felsigen Untergrund re abw nach *Pottenstein.* Unten ger zur Ortsmitte oder re zur *Elisabethstatue* am *Weihersbach* und zum P.

Hühnerloh – Gößweinstein – Kreuzberg – Bärenstein – Bösenbirkig – Hühnerloh

Weg und Zeit – knapp 10 km – 2½ Stdn.

Charakteristik – Relativ bequeme, aber interessante Wanderung mit zwei kurzen Steigungen zu herrlichen Aussichtspunkten.

Anfahrt – B 470 bis *Behringersmühle*, aufw Ri *Gößweinstein* und li Ri *Pottenstein*, nach *Bösenbirkig* li ab. – B 470 bis *Pottenstein,* dann aufw Ri *Gößweinstein*, nach *Sigmannsbrunn* re ab. – B 2, in *Leupoldstein* Ri *Pottenstein,* nach *Kirchenbirkig* li Ri *Gößweinstein*, nach *Sigmannsbrunn* re, *Ww [Hühnerloh]*. – Museumsbahn *Ebermannstadt – Behringersmühle.* – Buslinie *Behringersmühle – Gößweinstein – Ebermannstadt.*

Parken – Gäste-P *Gasthof-Pension-Café Bayer.*

● **Hühnerloh – Gößweinstein** – 1 Std – Vom *Gasthof Bayer* auf
MA dem *Wallfahrerweg* mit *[Schwarzem Punkt/Blauem Ring]* durch *Hühnerloh.* Nach Hs. Nr. 16 re auf Feldweg durch Wiesen und Felder. Später li in den Wald und abw, auf Fahrweg li abw, re um die Mulde und aufw. *[Roter Punkt]* kommt re von *Tüchersfeld*, mit beiden Zeichen li leicht aufw. Kreuzung ger, Pfad parallel zum Teerweg im Wald. Schöner Reliefstein am Waldende. Ger abw, li herum und *Schützenstr* abw. Beim Reliefstein vor Votiv-Kapelle die *August-Sieghard-Str* kreuzen, durch Kneippanlage, li und aufw. *Badangerstr* re und li aufw. *An der Wagnerhöhe* ger, re die Anlage mit dem Aussichtspavillon, zur gepflegten Einkehr im

● **Gasthof-Pension Frankenland** – Zentral und doch ruhig gelegenes Haus mit urgemütlichen Gasträumen, idyllischem Biergarten und schöner Terrasse. Gute fränkische Küche, knusprige Schäufele, hausgemachte Sülze. Vesper, Kinder- und Seniorenteller. Besondere Angebote für Wander- und Reisegruppen. Mittlere Preise. – P – *Kein Ru.*

● **Gößweinstein – Kreuzberg – Bärenstein – Hühnerloh** – 1½ Std – An der *Basilika* li in die *Viktor-von-Scheffel-Str*, nach dem Tor mit *[Blauem Ring]* re, *Am Kreuzberg* und den Treppensteig zwischen den Linden aufw zum nahen *AP Kreuzberg.* Weiter zur *Kreuzwegstation XI*, dann li abw, *Ww [Bärenstein]*. An der Fel-
OM sengasse *ohne Zeichen* Steig aufw zum *AP Bärenstein.* Zurück
MA und mit *[Rotem Ring]* re abw, nicht durch die Felsengasse! Am Waldende ger, dann Str li, *Ww [Limberg Heide]*. Nach 600 m Querstr kreuzen, ger im Wald aufw und Forstfahrweg, Naturlehrpfad li. Nach 300 m bei Schutzhütte Teerweg kurz li, dann re, an Gabelung li, auch *[Grüner Punkt]*. An Vogeltränke Kreuzung, ger abw, dann li am Waldrand entlang (re Felder). Querweg re
MW aufw, jetzt mit *[Grünem Kreuz]* bald am Waldrand entlang und bei *AP* und Bank li zur Str. Diese kreuzen, ger nach *Bösenbirkig.*

oben: *Ansicht von Waischenfeld*
unten: *Gößweinstein mit Basilika und Burg*

oben: *Burg Unteraufseß*

unten: *Gut Schönhof bei Waischenfeld*

oben: *Sommerrodelbahn, Pottenstein*

unten: *Therme Obernsees – die einzigartige Badewelt*

Knockhütte bei Obernsees

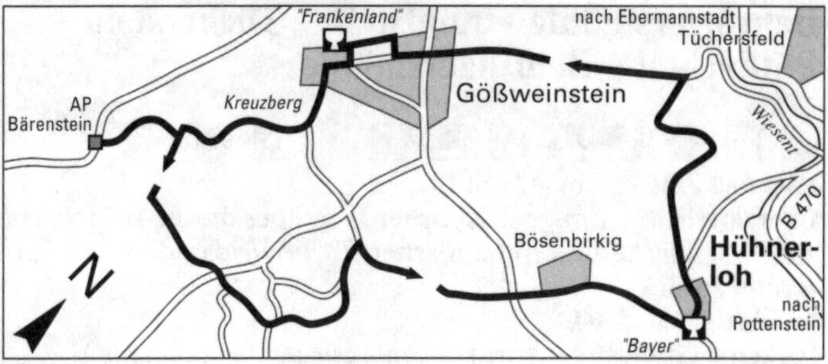

Nach Ortsschild an Straßengabelung re, bei alter Linde mit *[Blauem Strich/Ring]* Fahrweg abw und aufw nach *Hühnerloh,* re *MW*
zur gemütlichen Einkehr im

● **Gasthof-Pension-Café Bayer** – Das ruhig gelegene Haus mit behaglichen Gästezimmern, rustikalen Gasträumen, schöner Terrasse und Biergarten bietet in angenehmer Atmosphäre gutbürgerliche Küche. Umfangreiche Speisekarte. Spezialitäten: Forellen und Hühnerloher Lendchen. Deftige Brotzeiten und hausgemachte Kuchen. Untere bis mittl. Preise. – P – *Ru = Mo.*

Behringersmühle - Kohlstein - Tüchersfeld - Püttlachtal - Behringersmühle

Weg und Zeit - 9 km - 2¼ Stdn.

Charakteristik - Ein genussreicher Weg über die aussichtsreiche *Jura-Hochfläche* zum romantischen *Tüchersfeld* und durchs *Püttlachtal* zurück.

Anfahrt - Wie S. 60.

Parken - Gr Gäste-P vorm *Gasthof zur Behringersmühle.*

● **Behringersmühle - Kohlstein - Tüchersfeld** - 1¼ Stdn - Vom *Gasthof zur Behringersmühle* die *Bayreuther Str*, vorbei am Ver-
MA kehrsamt, später *[Gelbe Raute], Ww [Kohlstein, Tüchersfeld].* Fahrstr überqueren, Str *Heuberg, Ww,* Brücke über den *Ailsbach.*
MW Tennisanlage. Ger **(!)** mit *[Grünem Strich]* weiter, *Ww.* Am Ortsende scharf **(!)** li, *Ww.* Waldeintritt, aufw. Später Rechtsbogen aufw. Schöner stiller Waldweg, schließlich über die freie Hochfläche Ri *Kohlstein.* Rundumsicht, *Gößweinstein-Blick.* Rastplatz bei altem Wegkreuz. Nach *Kohlstein* (457 m) mit *Schloss* (1486/1530, Privatbesitz) und *hölzernem Glockenturm* (1816/1979).
OM In Ortsmitte bei der Wandertafel (vor 3 Backhäusern) Str *ohne Markierung* li **(!)** zur Landstr. Li, *Ww [Hungenberg].* Bei Ortsendeschild und Trafoturm Weg halb re **(!)**, *Ww [Tüchersfeld].* Blick re aufs Schloss. Vorbei an riesiger uralter Linde und gr Monolith über die Hochfläche. Rundsicht! Nach der Feldscheune (daneben ein Biotop) ger und etwas abw zur Waldecke. Graspfad halb re **(!)**, *Ww [Tüchersfeld].* Waldrand, Wald, zügig abw, schöne Felsen. Nach Waldaustritt breiten Grasweg re, prächtiger Blick aufs *Tüchersfelder Felsmassiv.* Linksbogen zur Landstr, re zum Wander-P. Hier Aufstieg zum *Fahnenfelsen* möglich. 150 m nach P in *Tüchersfeld* Einkehr im

● **Gasthof-Pension-Café zur Einkehr** - Angenehmes Haus in schöner Lage. Ruhige Komfortzimmer. Terrasse. In rustikalen Gasträumen wird in gemütlicher Atmosphäre gutbürgerliche, fränkische Küche serviert. Hausgemachte Brotzeiten, z. B. mit fränkischem Schinken. Spezialität: Wildente (auf Bestellung). Kuchen und Torten aus eigener Herstellung. Kinder- und Seniorenteller, Schonkost. Mittl. Preise. - P - *Kein Ru.*

● **Fahnenfelsen** - ½ Std zusätzlich - Aufstieg z. T. alpin. Trittfestigkeit und Schwindelfreiheit sind Voraussetzung. Bei feuchtem Wetter nicht zu empfehlen. Sonst sehr romantisch mit schönen Felsen, Höhlen und einem steilen Felstunnen (mit Fixseil). Toller Blick auf *Tüchersfeld*!

● **Tüchersfeld** - Staatl. anerkannter Luftkurort. OT von *Pottenstein.* Dank der einmaligen bizarren Felskulisse gilt *Tüchersfeld* als das „meistfotografierte Dorf“ der *Fränk. Schweiz.* Unbedingt besuchenswert ist das *Fränkische-Schweiz-Museum* im *„Juden-*

hof" mit umfangreicher Sammlung an Gebrauchs- und Kunstgegenständen aus dem täglichen Leben vieler Generationen.

● **Tüchersfeld - Püttlachtal - Behringersmühle** - 1 Std - Durch *Tüchersfeld*, über die *Püttlach* u. auf dem romantischen *[MD-Weg]*, auch *[Rotes Kreuz]*, zurück. Zuletzt neben der B 470, dann über *Püttlach*, B 470 und Grünanlage zum

● **Gasthof zur Behringersmühle** - Ruhige Lage zwischen Wald und Parkanlage. Behagliche Komfortzimmer. Gemütliche Gasträume und Gartenterrasse. Ungezwungene Atmosphäre. Gelobte gutbürgerliche Küche. Fränkische Gerichte, Forellen, herzhafte Brotzeiten. Untere bis mittl. Preise. - *Ru = Di.*

Behringersmühle - Pfaffenstein - Moritz - Riesenburg - Wiesenttal - Behringersmühle

Weg und Zeit - 11½ km - 3 Stdn.

Charakteristik - Ein großartiger Rundweg! Stetiger Wechsel von Wald und freien Fluren, mächtige Felsen, prächtige Aussichtspunkte, ein romantisches Flusstal und die einzigartige Versturzhöhle *Riesenburg* - alles unvergessliche Eindrücke!

Anfahrt - A 9, Ausf. *Pegnitz*, B 470 über *Pottenstein.* - A 73, Ausf. *Forchheim*, B 470 über *Ebermannstadt.*

Parken - Gr Ⓟ beim *Hotel-Gasthof-Café Frankengold.*

● **Behringersmühle** - Staatl. anerkannter Luftkurort in idyllischer Lage am Zusammenfluss von *Wiesent*, *Ailsbach* und *Püttlach.* Endstation der berühmten *Nostalgie-Dampfbahn* von *Ebermannstadt*, früher Privat-, jetzt Museumsbahn.

● **Behringersmühle - Pfaffenstein - Moritz** - 1 Std - Vom *Gast-*
MA *hof Frankengold* mit *[Rotem Kreuz]* Str Ri *Gößweinstein.* Nach Wandertafel re **(!)** abw, *[MD]*, *Püttlachsteg*, B 470 überqueren. Sofort **(!)** Treppe, Grünanlage, danach Str li, Bogen zur *Wiesent-*
MW *brücke.* Dahinter mit *[Rotem Strich]* Str re, nach 200 m Waldweg **(!)** halb li aufw, *Ww [Pfaffenstein-Moritz].* Spitzkehre li, Serpentinenpfad, mächtige Felsklötze. *Viertälerblick-Pavillon* (zugewachsen). Weiter aufw, Panoramaweg am Waldrand. Befestigten Weg re, herrliche Blicke auf *Burg* und *Basilika* von *Gößweinstein.* Nach **(!)** Linksbogen halb re **(!)**, Wiesenrand **(!)**, *Ww.* Waldweg, Wiesenrand. Lohnender Abstecher zum *Pfaffenstein* (524 m). Schöner Rundblick. Weiter zum *OT Moritz.* Kreuzung li (ger = Rückkehr über *Wölm*) zum

● **Gasthof-Pension „Zum Pfaffenstein"** - Sehr ruhige Höhen- und Waldrandlage. Behagliche Gästezimmer. Rustikale Gasträume, Biergarten. Zünftige, familiäre Atmosphäre. Gutbürgerliche Küche. Hausschlachtung. Bekannt guter fränkischer Mittagstisch. Spezialität: Fränk. Schäufele. Deftige Brotzeitplatten. Untere bis mittl. Preise. - Ⓟ. - *Ru = Mo.*

● **Moritz - Engelhardsberg - Riesenburg** - knapp 1 Std - An der Scheune aufw, *Camping*, Waldpfad. Prächtige Felstürme! An der gr freien Hochfläche kurz re, dann li **(!)**, über die Felder **(!)**, Kreuzung ger, *Ww*, zum Wald. Dahinter übers Feld zur Fahrstr.
MW Li ab, Kreuzung ger **(!)**, jetzt *[Gelber Ring]. Engelhardsberg.* 1. Abzweigung **(!)** bei gr Linde re, *Ww.* Bei kl Linde li, hinter *Haus Nr. 51* re. Linksbogen, nach Waldstück re, es folgt ein toller Serpentinenpfad in einer jähen Felsschlucht abw, dem gewaltigen Einsturztrichter (Doline) der sog. „Riesenburg". Stufen durch ein Felsentor. Felsenbrücke (Tiefblick!) zur Kanzel (Ausblick!) und zurück. Durch den höhlendurchsetzten Felsenkessel abw. Unter zwei Felsbrücken hindurch ins Tal.

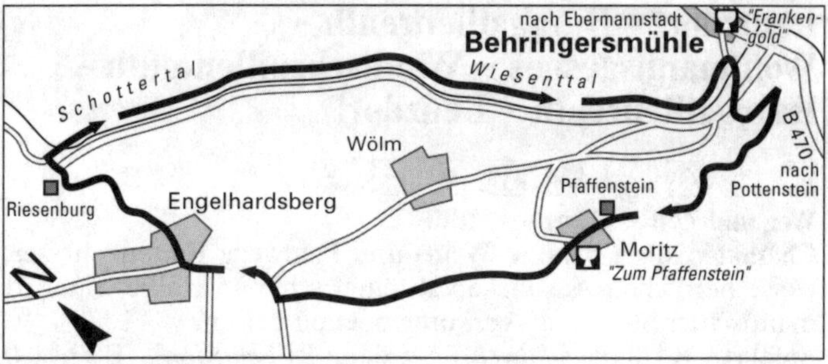

● **Riesenburg - Wiesenttal - Behringersmühle** - gut 1 Std - Fahrstr kurz li, bei Pumpwerk über die *Wiesent* zum *[MD-Weg]*. Auf ihm durch das herrliche Tal. Ein Hochgenuss! In *Behringersmühle* in *Wiesentweg*, Querstr li, nach *Haus 9a* re, Grünanlage, zurück wie Herweg zum

● **Hotel-Gasthof-Café Frankengold mit Gästehaus** - Gepflegter Innenhof. Helles, freundliches Interieur. Kaminzimmer. Freiterrassen. Wohltuende Atmosphäre. Gutbürgerliche bis gehobene Küche mit fränkischen und internationalen Gerichten. Täglich wechselnde Menüs. Köstliche Spezialitäten vom Jura-Lamm aus der Wacholderheide. Mittl. Preise. - *Ru = Do.*

Leutzdorf - Burggaillenreuth - Wohlmannsgesees - Windischgaillenreuth - Burggaillenreuth - Leuzdorf

Weg und Zeit - 12 km - 3 Stdn.

Charakteristik - Schöne Wald- und Feldwege führen mit zeitweise herrlichen Ausblicken zu einer schönen Höhle, einer romantischen Burg und sagenumwobenen Felsen.

Anfahrt - B 470 bis *Gößweinstein*, dann Ri *Leutzdorf*. - B 2 bis *Almos*, dann über *Obertrubach* und *Bieberbach*.

Parken - Gäste-P *Gasthaus Josef Richter* oder nahe Dorfweiher.

● **Leutzdorf - Burggaillenreuth - Wohlmannsgesees** - 1¼ Stdn -
MA Vom *Gasthaus Josef Richter* mit *[Rotweiß-Diagonal]* zum Dorf-
MW weiher. Mit *[Blauem Senkrechtstrich]* li, *Ww [Burggaillenreuth]*.
Nach 300 m an Gabelung li in Hauptweg, nach 40 m wieder li.
OM Am Wald abw, dann li. Im Wald aufw, oben bei Bank re, *ohne Markierung* 100 m zur *Esperhöhle*, einer stark zerklüfteten
MA Höhlenruine. Wieder zurück und mit *[Blauem Strich]* weiter. Pfad zum Waldende, Fahrweg re. Im Wald abw, unten re und aufw. Ganz oben *ohne Markierung* re, nach 150 m li, *Ww [Keltenwall]*. Treppen aufw, auf dem Wall re, dann abw. Unten li, ebener Weg, am Fahrweg mit *[Blauem Senkrechtstrich]* abw. Durch *Burggaillenreuth* abw, auch *[Rotes Karo]*, und vor der Burg li. Beiden Zeichen Ri *Kremersberg* folgen bis zur Wegteilung, dann
OM mit *[Rotem Karo]* re bis Waldende und *ohne Markierung* durch Felder nach *Wohlmannsgesees* zur gepflegten Einkehr im *Gasthof-Pension „Heid“*.

● **Gasthof-Pension „Heid“** - Sehr ruhige Lage, behagliche Gästezimmer. Rustikale Gasträume, Gartenterrasse und Biergarten. In gemütlicher, familiärer Atmosphäre wird gutbürgerliches fränkisches Essen serviert. Auch Wild. Bier vom Fass und offene Weine. Schnapsverkauf aus eigener Brennerei. Wandergruppen sind herzlich willkommen. Untere bis mittlere Preise. - *Ru = Di.*

● **Wohlmannsgesees - Windischgaillenreuth - Burggaillenreuth -**
MW **Leutzdorf** - 1¾ Stdn - Str Ri *Windischgaillenreuth*, mit *[Grünem Kreuz]*, *Ww [Birkenreuth]*, am Ortsende re, Teerweg. Am Wald kommt *[Blauer Strich]*, mit beiden Zeichen ger. Am moosigen
MW Felsen *[Blaues Zeichen]* verlassen und ger weiter. An Höhle vorbei aufw, durch felsenreichen Wald aufw. Am Golfplatz li in den Wald zum *Vogelherd*, später li schöner Blick nach *Gößweinstein*. Dann li abw und re durch Felsen abw. Str 40 m re aufw, dann li
MW Waldweg. Vor Querfahrweg li. *[Gelber Senkrechtstrich]* führt nach *Windischgaillenreuth*. Im Ort re, Ri *Burggaillenreuth* aufw.
MW Am Wald li, Waldweg bis *Burggaillenreuth*. Dort mit *[Rotem Karo]* re, Str bis Waldende. Dort li, durch Felder aufw. Im Wald
OM Pfad aufw, dann re. An der Str li und *ohne Markierung* auf Teer-

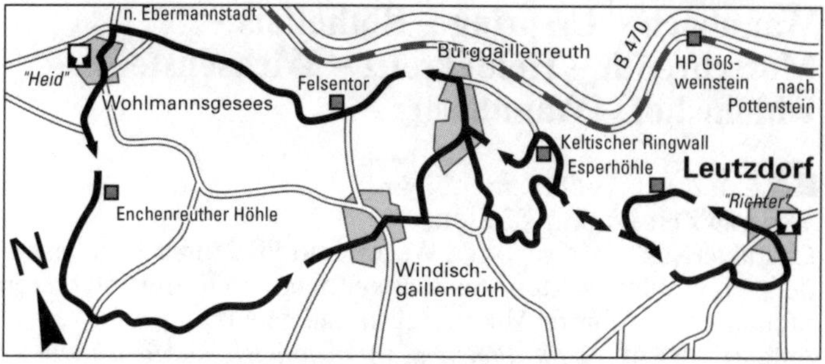

weg am Waldrand abw und durch Wald. Am Ende der gr Wiese re abw und mit *[Blauem Senkrechtstrich]* aufw. Dann *ohne Markierung* ger durch Felder und einen Waldstreifen. Mit der Str 150 m li, an der alten Linde re und auf Fahrweg zur behaglichen Einkehr im *Gasthaus Josef Richter.* *MA OM*

● **Gasthaus Josef Richter** – Ruhige Ortsrandlage, komfortable Gästezimmer. Gemütlicher Gastraum und Biergarten. In zünftiger Atmosphäre gibt es gutbürgerliche fränkische Speisen. Reichliche Brotzeiten mit Produkten aus eigener Landwirtschaft und Schlachtung. Spezialitäten sind Schäufele und Sauerbraten. Kinder- und Seniorenteller. Untere bis mittlere Preise. – *Ru = Di.*

Wannbach - Urspring - Röthelfels - Morschreuth - Heidekreuz - Wichsenstein - Ühleinshof - Wannbach

Weg und Zeit - 12 km - 3 Stdn.

Charakteristik - Auf schönen Wegen und Pfaden zu zwei besonders empfehlenswerten Aussichtspunkten, teils mit stärkeren Steigungen. Mehrere Abkürzungsmöglichkeiten.

Anfahrt - B 470, Abzw. *Pretzfeld*, in *Wannbach* Ri *Morschreuth*. - B 470 und über *Gößweinstein, Leutzdorf.*

Parken - P an der Str *Wannbach - Urspring* oder Gäste-P.

● **Wannbach - Urspring - Röthelfels** - ¾ Std - Vom P auf Str
MA 600 m mit *[Rotem Punkt]*. Vor *Urspring* am Trafo li, Str Ri *Moggast* aufw und nach 300 m re durch Wiesen, den Bach überqueren und im Wald ger aufw. 30 m auch *[Grünes Karo]*, dann re aufw, am Kirschgarten re, dann ebener Querweg, auch *[Gelber Ring]*. Markierung *[Blauer Ring]* kommt dazu, jetzt mit allen Zeichen zum *Röthelfels*. Nach erstem *AP* weiter an vielen Eiben vorbei zu weiterem *AP* mit herrlichem Panoramablick zum Zusammenfluss von *Trubach* und *Wiesent*.

MW ● **Röthelfels - Morschreuth** - ½ Stdn - Mit *[Blauem Ring/Gelbem Ring]* weiter, nach Sitzgruppe li aufw, li ein Gedenkstein. Jetzt
MW abw, bei Gabelung re abw und am Waldende mit *[Blauem Ring]* durch Felder nach *Morschreuth*. Im Ort li, an *Volkstumspflegestätte* vorbei zur Rast im *Gasthaus Roppelt* oder 200 m weiter im *Gasthof-Pension „Zur guten Einkehr"*.

● **Gasthaus Roppelt** - Schönes urgemütliches Dorfgasthaus mit Gartenterrasse und Biergarten. Großzügige Gästezimmer. In ungezwungener familiärer Atmosphäre gibt es preisgünstige deftige Brotzeiten aus eigener Schlachtung. Warme Gerichte auf Bestellung. - *Ru = Di.*

● **Gasthof-Pension „Zur guten Einkehr"** - Gepflegtes, ruhig gelegenes Haus mit gemütlichen Gasträumen und Biergarten. Komfortable Gästezimmer, für Gruppen auch preisgünstige Matratzenlager. Die reichhaltige Speisekarte bietet Essen aus gutbürgerlicher Küche, auch Fisch, Wild, Geflügel. Fränkische Spezialitäten, Brotzeiten aus eigener Schlachtung. Hausgemachte Kuchen. Untere bis mittlere Preise. - *Ru = Mo.*

● **Morschreuth - Heidekreuz - Wichsenstein - Ühleinshof - Wannbach** - 1¾ Stdn - Hinter dem *Gasthaus „Zur guten Einkehr"* mit
MW *[Grünem Ring]* auf Feldweg zum Wald. Im Wald an Gabelung li, leicht aufw, dann eben und abw. Am Waldende auf grasigem
MW Weg ger. Dem Fahrweg 30 m folgen, dann re, auch *[Rotes Karo]*. Auf nächstem Querweg 100 m li, dann re zum Wald. Im Wald an Kreuzung mit *[Rotem Karo/Rotweiß Diagonal]* li, abw und im Wald weiter. Auf Querweg li, das *[Blaue Kreuz]* kommt hinzu,

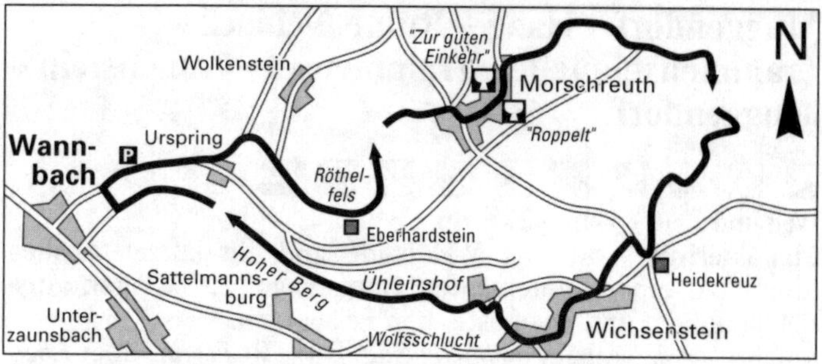

dann am Wald entlang zum Straßenkreuz *Heide.* Str re, Ri *Mog-*
gast und nach 50 m li ab. Nach Lichtung mit *[Rotweiß Diago-* *MW*
nal/Blauem Kreuz] li durch felsenreichen Wald abw. Oben Str
aufw zur Ortsmitte *Wichsenstein.* Nach Kirche re aufw zum
Burgfelsen, *AP.* Wieder unten mit *[Grünem Karo]* und *[7]* re *MW*
aufw, dann am Friedhof mit Pfad abw. In *Ühleinshof* li, nach
100 m re auf Fahrweg weiter. Das *[Grüne Karo]* später verlassen *MW*
und mit *[Rotem Karo]* ohne Richtungsänderung durch Wald.
Auf freier Flur vor *Wannbach* an erster Abzweigung *ohne Mar-* *OM*
kierung re abw, zurück zum P.

Muggendorf - Haag - Ruine Neideck - Trainmeuselquelle - Trainmeusel - Frauenstein - Muggendorf

Weg und Zeit - 9 km - 2¾ Stdn

Charakteristik - Schöne Waldpfade und ein kurzer Anstieg führen zu einer interessanten Burganlage, zu schönen Aussichtspunkten und phantastischen Felsbergen.

Anfahrt - A 73, Ausf. *Forchheim Süd,* B 470 Ri *Pegnitz* über *Ebermannstadt, Streitberg.* - A 9, Ausf. *Pegnitz-Grafenwöhr,* B 470 Ri *Forchheim* über *Pottenstein, Behringersmühle.*

Parken - P an *Forchheimer Str*, am Bad oder in *Trainmeusel.*

● **Ruine Neideck** - Die ehem. Festung mit zwei Vorburgen war die größte Burganlage der Gegend. Die schöne Ruine mit dem markanten Stumpf des Bergfrieds auf steilem Fels über dem *Wiesenttal* ist heute das Wahrzeichen der *Fränkischen Schweiz.* Die Reste der einstigen äußeren Schildmauer sind noch bis zu fünf Meter hoch. Die beiden Kanonentürme (Rundtürme) entstanden im 16. Jh. Die Burg wurde 1219 erstmals erwähnt, *Ulrich V. von Schlüsselberg* baute sie später zur Festung aus. Im *Markgrafenkrieg* ließ sie *Sigmund von Wirsberg* in Brand stecken und einige Mauern einreißen. Die Sanierungs- und Konservierungsarbeiten dauern noch bis zum Jahr 2001.

● **Muggendorf - Haag - Ruine Neideck** - ¾ Std - In der Ortsmitte
MA mit *[Blauem Ring]* aufw, *Oberer Markt*, am Gedenkstein li, *Schmiedberg* aufw. Bei Gabelung li, *Rosenauweg, Ww [Langes Tal, Neudorf].* Oberhalb vom Schwimmbad ger *Zum Schachergraben, Ww [Streitberg],* auch *[Grünes Kreuz].* Schöner Weg durch den Waldhang, dann Fahrweg von *Neudorf* 150 m folgen, in Kur-
MW ve ger und nach ca. 120 m mit *[Rotem Ring]* und *[Kreuz]* Fahrweg li abw, *Ww [Haag].* Str kreuzen, ger, *Wiesent* überqueren, Bahn kreuzen, aufw zum Weiler *Haag.* Nach dem Brunnen li aufw, *Ww [Ruine Neideck]*, Fahrweg kreuzen, um die Schranke, Forstfahrweg steil aufw. Oben re, an Gabelung re, Pfad am Rundturm vorbei und über Steg zum Bergfried, *AP.* Auf breitem Weg am westlichen Rundturm und den hohen Mauerresten vorbei zurück.

● **Ruine Neideck - Neideckgrotte - Trainmeuselquelle - Trainmeusel** - 1 Std - Nach dem Burggelände re, bei der Bank mit
MW *[Blauem Strich]* li und nach 20 m re, Waldpfad aufw zur mehrgängigen Hallenhöhle mit schönem Felsentor. Zurück und mit *[Blauem Strich]* re, bei Gabelung re oben bleiben, auf bequemem Waldweg weiter. Nach ca. 600 m ger durch Wiese zum *Trainmeuselbrunnen*, einer Quelle die unter einer alten Linde entspringt und mit 1300 m langen Holzröhren einst die *Burg Neideck* mit Trinkwasser versorgte. Am Brunnen vorbei, bald

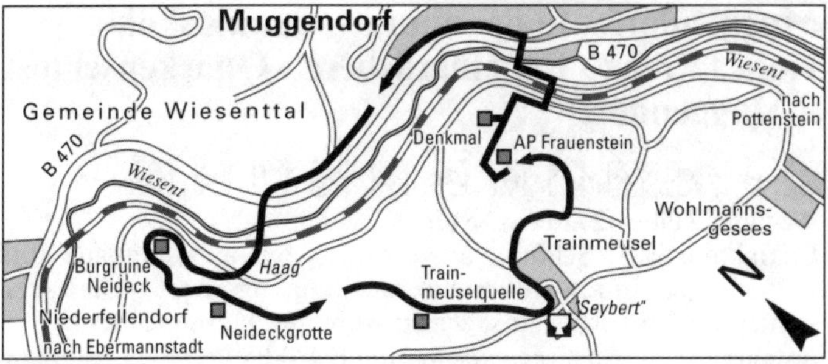

auf Teerweg aufw bis zur Querstraße, dann li zur zünftigen Rast im

● **Gasthaus „Seybert"** - Sehr ruhig gelegenes Haus mit Biergarten. In gemütlicher und ungezwungener Atmosphäre werden gutbürgerliche Speisen und fränkische Brotzeiten aus eigener Schlachtung, aber auch Wildgerichte serviert. - *Kein Ru.*

● **Trainmeusel - Frauenstein - Muggendorf** - 1 Std - Vom *Gasthaus Seybert* wieder zum Ortsende und re abw, bei Gabelung re, auch *[Grünes Kreuz]*, Fahrweg abw zur Str. Str li und vor dem Ortsschild re aufw. An Gabelung li, auf Teerweg im Rechtsbogen um den Wald, mit schönem Blick auf *Streitberg, Neideck* und die *Muggendorfer Felsen*, aufw. Oben mit *[Grünem Kreuz]* li, *Ww [Frauenstein-Muggendorf]*, durch die Wiesen. Am Wald li abw und nach ca. 70 m re in den Wald. Bald li, re der Abgrund, zum Aussichtsfelsen *Frauenstein* mit Fahne. Weiter abw zum zweiten Aussichtspunkt hoch über *Muggendorf*, dann in Serpentinen
abw. Auf Fahrweg mit *[Roter Raute]* li, zum Denkmal für die *MW*
ehemalig deutschen Länder im Osten. Jetzt scharf re mit *[Rotem*
Kreuz] abw, *Ww [Leo-Jobst-Weg, Behringersmühle]*. Nach ca. *MW*
150 m mit *[Grünem Kreuz]* li die Treppen abw zum P am *Fitness-* *MW*
Parcours und li an der Bahn entlang. Vor dem Bahnhof die Schienen der *Museumsbahn* kreuzen und re unter der Straßenbrücke durch, dann auf Steg *Wiesent* überqueren und aufw zum *Marktplatz* oder li zur *Forchheimer Str* und zum P.

Muggendorf – Koppenburg – Oswaldshöhle – Hohes Kreuz – Engelhardsberg – Quackenschloss – Muggendorf

Weg und Zeit – 12 km – 3¾ Stdn.

Charakteristik – Schöne, abwechslungsreiche Waldpfade und Höhenwege führen mit mehreren Steigungen an vielen Aussichtspunkten vorbei zu sagenumwobenen Felsenhöhlen.

Anfahrt – A 73, Ausf. *Forchheim Süd,* B 470 Ri *Pegnitz, Ebermannstadt, Streitberg.* – A 9, Ausf. *Pegnitz-Grafenwöhr,* B 470 Ri *Forchheim* über *Pottenstein* und *Behringersmühle.*

Parken – P an *Forchheimer Str* oder am Schwimmbad.

● **Quackenschloss** – (*Quacke* = Schwammkalk). Ein von mächtigen Gesteinstrümmern flankiertes Höhlenportal, hinter dem ein langer Gang in zwei unterschiedlich große Öffnungen mündet, die an Brandungshöhlen der Meeressteilküsten erinnern, was auf ein Alter von 125 Mio Jahren hinweist.

● **Muggendorf – Brunhildenstein – Rosenmüllerhöhle – Koppen-**
MA **burg – Pavillon – Oswaldshöhle** – 1½ Stdn – Mit *[Blauem Ring] Oberer Markt* aufw, am Gedenkstein li, *Schmiedberg* aufw, beim *Rosenauweg* weiter ger aufw und nach 30 m li, *Ww [Rübsteinach/Neudorf],* ebener Grasweg. Später schöner Waldweg, bald
MW re in eine Bucht, dann mit *[Rotem Strich], Ww [Höhenweg],* re aufw Ri *Brunhildenstein.* Felsiger Pfad am Abgrund. Bei Abzweigung *Brundhildenstein* li aufw, dann Serpentinen abw. Auf Querweg, re zur 150 m entfernten *Rosenmüllerhöhle*, einer begehbaren Höhle mit herrlichen Tropfsteinen, zu denen ein Treppensteig ca. 25 m hinaufführt. Wieder zurück, Weg *Albertshof – Kuchenmühle* kreuzen und aufw zur *Koppenburg,* dem 350 m entfernten *AP.* Hier li, dann 120 m auf Str abw, li aufw, *Ww [Pavillon]*, schöner Waldweg zum *AP Pavillon.* Aufw, *Ww [Oswaldshöhle],* breiter Weg ger aufw und nach 200 m re abw. Str kreuzen, oberhalb vom P re, *Ww [Oswaldshöhle].* An Kreuzung ger zum *AP* und dann li aufw zur *Oswaldshöhle.*

● **Oswaldshöhle – Hohes Kreuz – Engelhardsberg** – ¾ Std – Ger durch die 60 m lange Höhle, danach li und neben der Höhle den Treppensteig aufw. Oben re zum Umsetzer und auf den Holzturm mit schönem Panoramablick. Dann Fahrweg abw, *[Roten*
MW *Strich]* verlassen, mit *[Braunem Kreuz]* li, am Waldende ger abw und aufw nach *Engelhardsberg* zur gemütlichen Einkehr im

● **Gasthof Heumann** – Gemütliche Gasträume und Terrasse. Familiäre, ungezwungene Atmosphäre. Die gutbürgerliche Küche bietet zu unteren bis mittleren Preisen auch Wild- und Fischgerichte. Senioren- und Kinderteller. Vegetarische Gerichte sind Hausspezialitäten. Hausgemachter Kuchen und Gebäck. – *Ru = Di.*

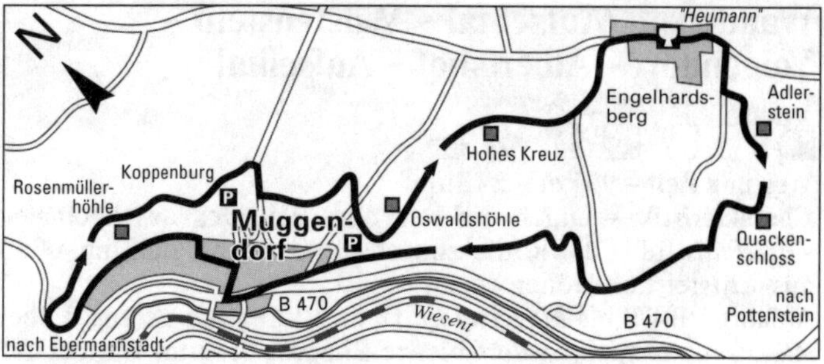

● **Engelhardsberg – Adlerstein – Quackenschloss – Muggendorf –** 1½ Stdn – Vom *Gasthof Heumann* aufw, 50 m nach der Ortstafel an *Ww* re mit *[Gelbem Ring/Rotem Strich]* Teerweg aufw und nach 100 m li, dann re herum. Am P vorbei und im Wald aufw zum *Adlerstein.* Metalltreppe aufw zum *AP.* Danach Waldpfad zum *Quackenschloss* und dort re abw. Nach einer Ackerlichtung kommt im Wald kurz der *[Grüne Schrägstrich]* hinzu, biegt aber bald li ab ins *Wiesenttal.* Ger, dann re Bach überqueren, *Ww. [Roten Strich]* verlassen, mit *[Gelbem Ring]* li Ri *Muggendorf.* *MW* Aufw um den Fels, dann ger abw, *[Blauer Schrägstrich]* kommt hinzu. Weiter abw, bei Gabelung re aufw und eben ger. Am ersten Haus li Treppen abw zum *Modelleisenbahnmuseum* und mit *Bayreuther Str* re zur Ortsmitte.

Wander-P /Aufseßtal – Wüstenstein – Voigendorf – Albertshof – Aufseßtal

Weg und Zeit – 9½ km – 2½ Stdn.

Charakteristik – Durch ein reizvolles Teilstück des lieblichen *Aufseßtals* führt die Route zunächst eben, dann steil hinauf zu aussichtsreichen Höhenwegen.

Anfahrt – B 470 bis *Muggendorf.* Dann Ri *Engelhardsberg,* li über *Albertshof* nach *Voigendorf,* hier re Ri *Seelig* bis zum Wander-P.

Parken – Wander-P an der Str nach *Seelig* im *Aufseßtal* oder Gäste-P *Landgasthof Steinbrecher.*

● **Die Aufseß** – Eine Wanderung entlang der *Aufseß* ist ein unvergessliches Naturerlebnis. Mäandernd zieht der kapriziöse Bach durch das Tal, oft sind es nur Pfade, die seinen Windungen folgen. Einige Straßen kreuzen das Tal, doch dem Unterlauf folgt erfreulicherweise kein Verkehrsweg. Hier sind die Wanderer noch größtenteils unter sich und können die Landschaft entlang des abwechslungsreichen Bachverlaufs ungestört genießen.

● **Wüstenstein** – Den Ort überragte einst eine mächtige Burg, die die Geleitstraße von *Streitberg* über *Blankenfels* nach *Bayreuth* beherrschte. Von der Burg ist nur das 1700 errichtete *Brandenstein-Schloss* erhalten. – Weithin sichtbare neugotische *Kirche,* 1864 aus Kalkbruchsteinen errichtet. Im Innern Barockaltar der 1867 abgebrochenen *Schlosskapelle.*

● **Aufseßtal – Wüstenstein – Voigendorf** – 1¼ Stdn – Vom P dem
MA *Aufseßtal* mit Markierung *[Main-Donau-Weg/Gelbes Kreuz]* Ri
Wüstenstein folgen. Schöne, geruhsame Talwanderung. In *Wü-*
MW *stenstein-Tal* mit *[Gelbem Punkt],* *Ww [Veilbronn],* die *Aufseß*
überqueren und beim Haus mit dem Wappenrelief li den *Esel-*
steig aufw. Im Wald re, unterhalb des Burgfelsens vorbei. Oben
OM in *Wüstenstein ohne Markierung* scharf li aufw, durch das Tor-
haus und re. An der Kirche li aufw und zur Str am Friedhof.
Jetzt mit der Str li, Ri *Gößmannsberg.* Nach der Ortstafel mit
MA *[Schwarzem Ring]* li ab. Schöne Wald- und Wiesenpfade führen
ohne Richtungsänderung bis *Voigendorf,* wo das *Gasthaus Stein-*
brecher zur zünftigen Rast einlädt.

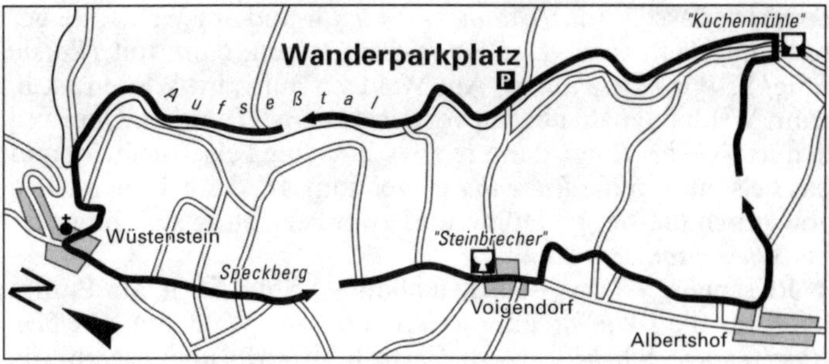

● **Landgasthaus Steinbrecher** – Im gemütlichen Gastraum werden aus reichhaltiger Karte gutbürgerliche Speisen serviert. Kinder- und Seniorenteller, Schonkost. Selbstgebackenes Brot, Hausschlachtung aus eigener Zucht und Wildspezialitäten aus eigener Jagd. Günstige Preise. - *Ru = Do.*

● **Voigendorf - Albertshof - Kuchenmühle - Aufseßtal** - 1¼ Stdn -
Aufw, an der Ortstafel *ohne Markierung* li ab, *Ww [Albertshof].* *OM*
Im Wald re, dann dem Fahrweg bis *Albertshof* folgen. Im Dorf
sofort li, Str Ri *Kuchenmühle* (s. S. 73). Bei den Obstbäumen Ga-
belung, jetzt mit *[Gelbem Ring]* li, Teerweg abw. Später Wald- *MA*
weg, dann Pfad durch eine Felsenge und re. An der *Kuchenmüh-*
le li, Aufseß überqueren und li, mit *[Main-Donau-Weg/Gelbem* *MW*
Kreuz] dem *Aufseßtal* folgen bis zum Wander-P.

Muggendorf - Engelhardsberg - Doos - Kuchenmühle - Albertshof - Neudorf - M.

Weg und Zeit - 14 km - 4 Stdn.

Charakteristik - Mehrere Anstiege auf Waldpfaden und reizvolle Talwege zu bizarren Felsformationen und Höhlen.

Anfahrt - A 73 *Nürnberg–Bamberg*, Ausf. *Forchheim*, B 470 Ri *Pegnitz*. - A 9 *Nürnberg–Bamberg*, Ausf. *Pegnitz*, dann B 470 Ri *Forchheim*.

Parken - Gäste-P *Hotel Goldner Stern* oder P an Str Ri *Streitberg*.

● **Muggendorf - Oswaldshöhle - Engelhardsberg - Riesenburg** -
1 Std - *Lindenberg* aufw, *Dooser Berg*, nach P Pfad re aufw, mit
[Rotem Senkrechtstrich/Braunem Kreuz] Felsensteig aufw und *MA*
oben 2. Weg re zur *Oswaldhöhle*. Durch die 60 m lange Höhle, li
und Treppensteig hoch. Oben re zum Umsetzer und auf den
Holzturm mit schönem Panorama. Fahrweg abw, dann *[Roten*

MW *Strich]* verlassen, mit *[Braunem Kreuz]* li und am Waldende ger MW nach *Engelhardsberg.* Der Str re 50 m folgen, dann mit *[Rotem Ring]* li, *Ww [Riesenburg].* Am Wald ger aufw, im Wieseneck li, dann Waldpfad bald abw an verwachsenem *AP* vorbei. Querweg li, auch *[Gelber Ring]*, dann re abw durch die Felsenschlucht und das Felsentor in die *Riesenburg.* Ger zum *AP*, dann Treppensteig abw durch die riesige Höhle und zwei Felsentore steil hinunter ins *Wiesenttal.*

● **Riesenburg - Doos - Kuchenmühle** - ¾ Std - Str li, am Pumphaus re, die *Wiesent* überqueren und im Wald mit *[Gelbem Ring/Gelbem Strich]* li. Nach 600 m li, *Wiesent* überqueren, die Str kreuzen, dann li und re ins *Aufseßtal.* Bequemer Talweg zur *Kuchenmühle.*

● **Landgasthof Kuchenmühle** - Sehr ruhig gelegenes Haus mit altem Sägewerk mit Wasserradantrieb. Spielplatz, Streichelzoo. Rustikale Gasträume, Wintergarten mit Kachelofen, Biergarten. Gutbürgerliche bis gehobene Küche. Auch Feinschmecker-Menüs, Vesper, Kinder- und Seniorenteller. Spezialitäten sind hausgeräucherte Forellen. In der Saison sonntags Brunch. Untere bis mittl. Preise. - [P]. - *Kein Ru.*

● **Kuchenmühle - Albertshof - Neudorf** - ¾ Std - Von der *Kuchenmühle* li beide Bachläufe überqueren und re zwischen Haus und Stadel durch. Nach dem Backofen Pfad durch eine Felsenge und OM aufw. Vor *Albertshof* li, *ohne Markierung*, nach 200 m Teerweg re. Str 30 m li, dann re Ri *Streitberg.* Am Trafohaus li, auf grasigem Weg ca. 300 m ger, dann auf geteertem Querweg re nach *Neudorf* zur zünftigen gemütlichen Einkehr im

● **Gasthaus Heumann** - Ruhig gelegen, gemütliche Gaststube mit familiärer Atmosphäre, Terrasse und Biergarten. Deftige Vesper aus eigener Schlachtung mit selbst gebackenem Holzofenbrot. Unteres bis mittleres Preisniveau. - *Ru = Mi.*

MA ● **Neudorf - Langes Tal - Muggendorf** - 1½ Stdn - Mit *[Blauem Ring]* durch das Dorf, ca. 100 m vor der Ortstafel li aufw, *Ww [Langes Tal].* Durch die Felder und am Wald re, *Ww [Schwingbogen].* Dann li durch den Wald und ger. Später im Wald li, dann Fahrweg 100 m abw, auf Pfad li durchs Felsentor und li zu zwei Höhlen. Danach re abw und Fahrweg abw zum [P]. Hier li, um die Schranke und weiter neben der Grabenschlucht abw. MW Nach 700 m mit *[Rotem Senkrechtstrich]* li, den Pfad abw und in Serpentinen steil aufw dem Höhenweg folgen, bis Markierung *[Blauer Ring]* dazukommt. Mit *[Blauem Ring]* bis *Muggendorf* zur gepflegten Einkehr im

● **Hotel Goldner Stern** - In zentraler ruhiger Lage, mit stilvollen gemütlichen Gasträumen und Gartenterrasse. Familiäre ungezwungene Atmosphäre. Gutbütrgerliche bis gehobene Küche mit reichhaltiger Speisenauswahl zu mittleren Preisen. Saisonale Spezialitäten, Wild, Spargel und Fisch. - *Ru (Nov.-April) = Mi.*

Oberfellendorf
Streitberg
Schwingbogen
"Kuchenmühle"
Gösseldorf
"Heumann"
Schönsteinhöhle
Albertshof
Aufseßtal
B 470
Neudorf
N
Doos
Wiesenttal
Riesenburg
nach Ebermannstadt
P
"Goldner Stern"
Röttelfelsen
Oswaldshöhle
Muggendorf
Engelhardsberg
nach Pottenstein
AP Hohes Kreuz

Muggendorf - Streitberg - Binghöhle - Ruine Neideck - Muggendorf

Weg und Zeit - 9 km - 2½ Stdn.

Charakteristik - Durch das *Wiesenttal* zur *Ruine Neideck*, der größten Burganlage der *Fränkischen Schweiz.*

Anfahrt - Wie S. 71.

Parken - Gäste-P, P an *Forchheimer Str* oder am *Bad.*

● **Muggendorf - Streitberg** - 1 Std - Am *Verkehrsamt* in *Rot-*
MA *dornweg, Ww [Waldschwimmbad].* Li, dann mit *[Grünem Kreuz]* re. Nach Freibad re aufw, *Ww [Streitberg].* Auf Waldpfad li, nach ca. 1 km auf Fahrweg re, mit *[Grünem Kreuz]* weiter. Bach überqueren, re aufw. Fahrweg li, ca. 50 m vor P re aufw, *Klararuhe.* Li zur *Muschelquelle* und nach *Streitberg.* Re zur *Binghöhle* und zurück zum *Dorfplatz.*

● **Binghöhle** - Diese tunnelartige Höhle ist Zeugnis eines ehem. unterirdischen Wasserlaufs. Bei der Entdeckung 1905 fand man neben Wiesent-, Hirsch- und Schweineknochen auch Feuerstellen, Scherben und Werkzeug aus vorgeschichtlicher Zeit.

● **Streitberg - Ruine Neideck - Haag - Muggendorf** - 1½ Stdn - Vom *Dorfplatz* Ri *Niederfellendorf, Ww [Schwimmbad].* Nach
OM *Schwimmbad* auf Pfad immer li aufw, *ohne Markierung* auf brei-
MA tem Weg zur *Ruine Neideck.* Hier mit *[Rotem Kreuz/Ring]* abw. Oberhalb von *Haag* Querweg re. Nach der Wegetafel die Str kreuzen, ger und bei Denkmal li weiter Ri *Muggendorf.* Vor dem
MW Ort mit *[Grünem Kreuz]* abw, Bahn und *Wiesent* überqueren. Re über P und *Wiesentweg* aufw zur Einkehr in einem der empfehlenswerten *Muggendorfer Gasthäuser.*

● **Gasthof „Zur Wolfsschlucht"** - Kinderfreundliches Haus mit gemütlichen Gasträumen und Biergarten. Spielplatz. Gutbürgerliche Küche, fränk. Spezialitäten aus eigener Schlachtung. Ritteressen für Gruppen. Untere bis mittl. Preise. - *Ru = Di.*

● **Gasthof-Pension Kohlmannsgarten** - Gemütliche, rustikale

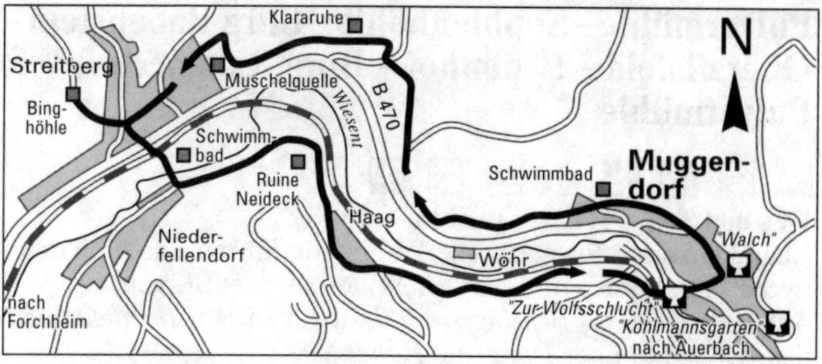

Gasträume, Terrasse, Biergarten mit *Wagner-Linde.* In familiärer Atmosphäre gibt es gutbürgerliche Speisen, Forellen aus dem Bassin und hauseigenes Gebäck. Untere bis mittl. Preise.

● **Gasthof Walch** - Ruhig gelegen, gemütliche Gasträume, Terrasse. Gutbürgerliches Essen aus eigener Schlachtung, auch Wild, Geflügel, Fisch, dazu selbst gebrannte Obstwässer. Untere bis mittl. Preise. Fahrradplätze. - *Ru = Mi.*

Pulvermühle - Sophienhöhle - Burg Rabenstein - Oberailsfeld - Schönhof - Burg Rabeneck - Pulvermühle

Weg und Zeit - 14 km - 3¼ Stdn.

Charakteristik - Romantische Waldpfade führen durch phantastische Felsmassive und liebliche Täler zu zwei Burgen.

Anfahrt - B 470 bis *Behringersmühle*, dann Ri *Waischenfeld* durch das *Wiesenttal* über *Doos* und *Rabeneck*.

Parken - Gäste-P *Gasthof-Pension-Café Pulvermühle* - Wander-P nahe *Pulvermühle* oder nahe *Burg Rabenstein*.

● **Pulvermühle - Sophienhöhle - Burg Rabenstein** - 1 Std - Am
MA Stadel (li der *Gasthof*) mit *[Blauem Strich]*, auch *[7]* und *[Gelber Ring]*, in das Seitental, *Ww [Burg Rabenstein, Sophienhöhle]*. Nach 300 m an Gabelung mit *Ww* li weiter. Bald Str nach *Eichenbirkig* kreuzen, Pfad aufw. Querweg re, Fahrweg kreuzen, nächster Fahrweg re und an Gabelung li, mit grasigem Feldweg aufw
MW und ger bis P an der Str nach *Klausstein*. Hier mit *[Grünem Punkt]* li, bei Gabelung re zum *AP* und abw zur *Sophienhöhle*. Wieder 700 m zurück zum Weg und li zur *Burg Rabenstein*.

● **Burg Rabenstein - Oberailsfeld - Eichenbirkig - Gut Schönhof** - 1¼ Stdn - Vor Burgbrücke re, *[Grüner Punkt]*, *Ww [Ailsbachtal]*. Am Fels li abw, auf Str li, Ri *Neumühle*. Auf Brücke re,
MW *Ailsbach* überqueren. Mit *[Blauem Kreuz]* aufw und re über felsenreichen Hang mit Höhlen, danach abw. Im Tal li zum P unter dem mächtigen Felsmassiv mit *Ludwig-Renner-Gedenktafel*. Danach wieder Str kreuzen und auf Steg *Ailsbach* überqueren, li durch Wald aufw. Durch die Felshöhle und Steig aufw, oben re (li Fels). Schöner Waldweg bis zum Querweg, dann re, auch *[Gelber Strich]*. Bald unten am Kiefernwald mit herrlichen Felspartien bis nach *Oberailsfeld*. Im Ort li und an der Wegtafel re, Ri *Eichenbirkig*. Zunächst mit *[Gelbem Strich]*, bis vor der Str das
MW *[Gelbe Kreuz]* von *Köttweinsdorf* kommt. Dann mit *[Gelbem Kreuz/Karo/Rotweiß Diagonal]* re aufw bis *Eichenbirkig*. Li durch das Dorf zur Rast im *Restaurant Gut Schönhof*.

● **Restaurant Gut Schönhof** - In historischen Räumen gibt es ausgewählte Speisen und fränkische Schmankerln aus eigener Metzgerei, Käserei und Brotbäckerei sowie Spezialitäten vom Jura-Lamm. Im Laden werden Produkte aus umweltgerechter Landwirtschaft mit Viehzucht angeboten. Biologisch anerkannter Landwirtschaftsbetrieb mit Zertifikat. Mittl. bis gehobene Preise. - *Kein Ru. - 7. 1. bis 7. 3. nur Fr, Sa und So geöffnet.*

● **Gut Schönhof - Burg Rabeneck - Pulvermühle** - 1 Std - An Straßenkreuzung, *Ww [Fußweg Burg Rabeneck]*, am Trafo vorbei, mit *[Grünem Ring]* ger, bald li abw und auf schönem Waldweg zur *Burg Rabeneck*. Vor der Brücke mit *[7]* re, abw und li

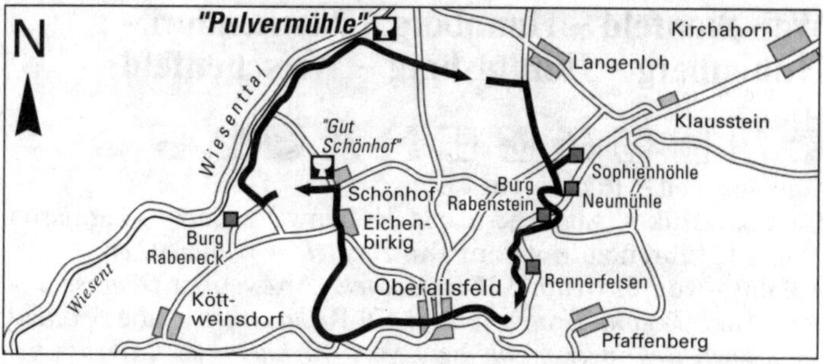

unterhalb der Burg durch Felsen zur Höhle und durch ein zweites Felsentor, dann re zum *AP* und weiter abw auf Treppensteig hinunter ins *Wiesenttal.* Re durch das Gehöft und ger. Die Str nach *Eichenbirkig* kreuzen und ger weiter zur gepflegten Einkehr im *Gasthof-Pension-Café Pulvermühle.*

● **Gasthof-Pension-Café Pulvermühle** - Inmitten einer wildromantischen Gegend liegt dieser komfortable Gasthof mit urgemütlichen Gasträumen. Terrasse und Biergarten. Die gutbürgerliche Küche bietet reichhaltige Speisenauswahl zu mittleren Preisen. Ein idyllisches Fleckchen nahe der *Wiesent,* das zum Entspannen einlädt. - *Ru = Mo.*

Waischenfeld – Hannberg – Nankendorf – Hubenberg – Heroldsberg – Waischenfeld

Weg und Zeit – 16 km – gut 4 Stdn.
Charakteristik – Aussichtsreiche Höhenwege und romantische Talpfade führen zum *AP* am *Waischenfelder Wahrzeichen.*
Anfahrt – Von *Bayreuth* B 22 Ri *Hollfeld*, Abzw. über *Obernsees.* – A 9, Ausf. *Pegnitz-Grafenwöhr*, B 470 Ri *Forchheim,* über *Pottenstein* nach *Behringersmühle* bzw. von *Forchheim* Ri *Bayreuth* bis *Behringersmühle,* dann Ri *Hollfeld,* über *Doos.*
Parken – P *Bischof-Nausea-Platz* oder *Vorstadt* Str Ri *Langloh.*

● **Waischenfeld** – Der Ort, der erstmals 1122 urkundl. erwähnt wurde, liegt umgeben von felsenreichen Waldhängen an der *Wiesent*, der historische Ortskern befindet sich re des Flusses. Er wird überragt von Kirche, Schloss und Resten einer einst mächtigen Burg mit dem *Steinernen Beutel*, einem Rundturm auf Felsbrocken, dem Wahrzeichen des Ortes. Li des Flusses liegen das *Freibad*, das *Scheunenviertel* und die *Vorstadt* mit alter Brauerei, Huf- und Wagenschmiede.

● **Waischenfeld – Hannberg – Zeubach – Nankendorf** – 1½ Stdn –
Vom *Bischof-Nausea-Platz* mit *Wiesent* zur *Stadtmühle, Wiesent*
überqueren, re in *Vorstadt.* An Gabelung re zur Wegetafel beim
MA *Christopherus.* Mit *[Gelbem Punkt/Ring]* li, Bach überqueren,
ger aufw im Wald re zum *Hohen Kreuz*, an Kreuz und Marter-
säule vorbei aufw. Am Waldende ger an Kapelle vorbei. Str ger,
MW mit *[Rotem Dreieck]* li und an Kirche re durch *Hannberg.* Str abw
nach *Zeubach*, Bach überqueren, Str li, an Kirche re, *Adistr*
OM aufw. Nach 300 m *ohne Markierung* li und re um Garten (Haus
mit Türmchen). Dann li, bei Gabelung re aufw, an Waldzunge
AP (li *Waischenfeld*). Aufw, an Hecken li, ebener Grasweg,
Ackerende re abw und re an Feldscheunen vorbei. Fahrweg li,
MA 150 m aufw, *[Rotes Dreieck],* dann abw, an Kreuzung ger. An
Gabelung re, mit Ü-Leitung durch Sträucher. Beim Querweg li,
an Scheune vorbei ger, auch *[Gelbes Kreuz]*, am Wald entlang.
Am Marterl *[Gelbes Kreuz]* verlassen, ger. Am Wald li zur Ka-
pelle und re abw nach *Nankendorf.*

● **Nankendorf – Gutenbiegen – Goldhof – Hubenberg** – 1 Std –
MW An Brücke li, Wiesenweg, dann Waldpfad, *[Gelber Strich]*. Li die
Felsen *Triumphbogen, Hirschsprung* und *Türkenkopf.* Ger durch
Gehöft und re, *[Roter* Ring/*Blauer Ring]*. *Wiesent* überqueren
und Str kreuzen. Str Ri *Breitenlesau*, dann re Waldweg aufw. Bei
Gabel ger aufw, am *Goldhof* vorbei nach *Hubenberg.*

● **Hubenberg – Heroldsberg – AP Altes Schloss** – 1 Std – Im Ort
MW li, *Ww [Seelig]*, Str abw, 60 m vor Ortsschild mit *[Blauem Strich]*
li, *Ww [Saugendorf].* Im Wald ger, dann li gr Wiese, an Kreu-
zung li, *Ww [Heroldsberg],* ger durch Felder bis *Heroldsberg.* In

Ortsmitte re, Ri *Waischenfeld,* am Ortsende ger leicht aufw, dann abw, auch *[Grüner Ring],* an vielen alten Linden vorbei. *MW* Bei Gabelung li zum Friedhof und li zum *Schloss.* Durch den Schlosshof zum *AP Altes Schloss* hoch über *Waischenfeld.*

● **Schloss - Steinerner Beutel - Waischenfeld -** ½ Std - Nach Verlassen des Schlosshofes re zum *Steinernen Beutel* mit *AP.* Hier re abw zur alten Mauer und li durch den Durchlass, auf Pfad abw zur *Kath. Pfarrkirche,* li zur ehem. Friedhofskapelle mit Gebeinhaus im Untergeschoss und re um die Kirche. Die Str kreuzen und zwischen *AP Schulstein* und ehem. Schule li Treppensteig abw und li zum *Marktplatz* mit historischem Rathaus. Dann li zur *Barockkirche* und zum P am *Bischof-Nausea-Platz.*

Plankenfels – Neumühle – Stechendorf – Wohnsdorf – Lochautal – Plankenfels

Weg und Zeit – 10 km – 2¾ Stdn.
Charakteristik – Anfangs wenig befahrene Str, dann Feldfahrwege mit schöner, teils herrlicher Aussicht. Daran schließt sich eine erholsame, reizvolle Talwanderung an.
Anfahrt – A 9, Ausf. *Trockau*, Ri *Ahorntal*, über *Waischenfeld* Ri *Hollfeld*. – A 70, Ausf. *Stadelhofen*, über *Hollfeld*. – B 470, in *Behringersmühle* Ri *Hollfeld*, über *Waischenfeld*.
Parken – Gäste-P *Gasthof „Goldenes Lamm“* oder im *Neumühlweg*, bei der *Raiffeisenbank*.

● **Plankenfels** – Der Ort liegt auf einer Höhe zwischen *Wiesent-* und *Truppachtal* und am Fuße des *Plankensteins*, wo die *Lochau* in die *Truppach* mündet (s. auch S. 92/93). Hinter dem *Landgasthof „Goldenes Lamm“* steht auf steilem Fels hoch über der *Wiesent* das alte Schloss mit dem Wappen derer *von Schlammersdorf* und der Jahreszahl 1744 am Eingang. Im 13. Jh. saßen hier die *von Plankenfels*, deren Geschlecht jedoch 1634 ausstarb.

● **Plankenfels – Neumühle – Stechendorf** – ¾ Std – Vom *Gasthof „Goldenes Lamm“* mit *Hauptstr* Ri *alte Linde*, dort Wegetafel. Ger Ri *Kirche*, re *Kriegerdenkmal*. 150 m nach der *Kirche* li,
MA *Neumühlweg, [Gelber Strich/Grüner Punkt].* Str abw, nach der *Neumühle* die *Wiesent* überqueren und Str aufw am *Jägerhof* vorbei. Beim Einzelhaus vor der Straßengabelung re, dann mit Str abw und durch Wald aufw. Oben ger mit Blick auf *Hollfeld*. Am Marterl vor *Scherleithen*, die Str verlassen und li auf Feldweg, *Ww [Hollfeld]*, abw und aufw an alten Linden mit Feldkreuz vorbei. Bei den Häusern, an der doppelstämmigen hohen
OM Linde, *ohne Markierung* mit Str. re abw nach *Stechendorf*.

● **Stechendorf – Lochautal – Plankenfels** – 2 Std – In *Stechendorf* gleich re leicht aufw, li das *Gemeindehaus* mit schönem kupfernem Dachreiter, dann abw und li, die *Wiesent* überqueren. Auf Str re, dann li und die Str *Hollfeld – Waischenfeld* kreuzen. Neben dem *Kriegerdenkmal* mit Teerweg aufw, *Ww [Sportanlage]*, durch ein Waldstück. An der Lichtung bei Gabelung re, *Ww [Schönfeld – Wohnsdorf]*. Auf Fahrweg durch Wald und Feld aufw, re liegt *Hainbach*. Dann schöner Blick auf die Bergkette von *Mittelberg, Knock, Wachstein* und *Plankenstein*. Weg stößt bei Martersäule an die von *Hainbach* kommende Str, jetzt ger auf der Str abw, li herum. Li erinnert ein Stein an *Johann Gößrein*. Knapp 100 m später, vor *Wohnsdorf*, Str verlassen und
MA mit *[Blauem Strich/Gelbem Ring]* re ab, *Ww [Plankenfels]* (*Wohnsdorf* liegt li im Tal). Jetzt schöner Pfad durch das *Lochautal*, am Wald entlang, dann durch Niederholz. Vorbei an Feldkreuz und Weiher, dann re mächtige Felsberge. Fahrweg

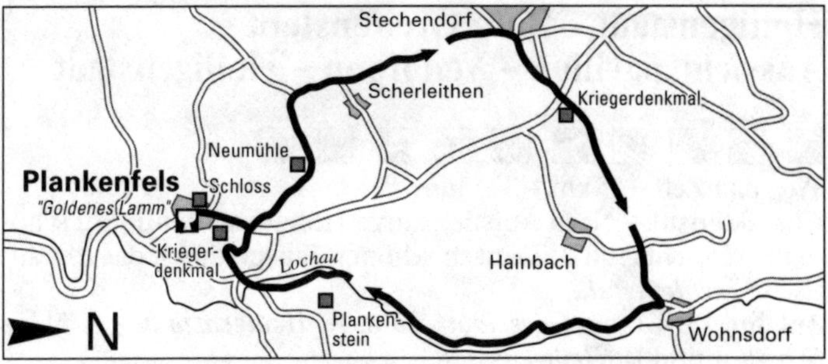

kurz re aufw in den Wald, dann scharf li, *Ww [Fußweg Plankenfels]*, abw. Und am Waldende re, li oben liegt *Meuschlitz.* Bei Gabelung li, romantischer Pfad am Bach entlang. Dann endet der Wald, ger durch Felder, li oben der *Plankenstein.* Beim gr Felsbrocken Querfahrweg li, *Lochau* überqueren und re. Vor *Plankenfels* unter alter Bahnbrücke *Lochau* überqueren und *Bayreuther Str* re aufw. Auf halber Höhe, gegenüber dem *Haus Nr. 166,* nach kl Werkstatt, re auf dem kirchlichen Privatweg durch die Gärten u. um den Friedhof aufw zur Kirche. Mit Str li, am Kriegerdenkmal vorbei, zur gemütlichen, wohltuenden Einkehr im

● **Landgasthof „Goldenes Lamm"** – In gemütlichen, rustikalen Gasträumen gibt es Speisen aus eigener Metzgerei, wie Holzofenschäufele, Plankenfelser Schlossteller oder Ritterkotelett. Hausspezialitäten sind vegetarische Gerichte. Schöner, historischer Dorfkeller mit Platz für 70 Personen. Ideal gelegener Gasthof für Besucher des Thermal- und Erlebnisbades in Obernsees. – *Ru = Di.*

Heiligenstadt - Burg Greifenstein - Aussichtspavillon - Veilbronn - Heiligenstadt

Weg und Zeit - 15 km - 3¾ Stdn.

Charakteristik - Nach Aufstieg kurze Höhenwanderung zu schönem Aussichtspunkt. Danach schöner Talweg durch das romantische *Leinleitertal.*

Anfahrt - B 470 bis *Gasseldorf*, dann Ri *Heiligenstadt.* - A 70 bis *Scheßlitz* und Ri *Heiligenstadt.*

Parken - *Marktplatz* in *Heiligenstadt.*

● **Heiligenstadt** - Hauptort im *Leinleitertal*, seit 1541 Markt. Sehenswert sind die alten Fachwerkhäuser um den *Marktplatz* und die aus der ehem. Klosterkirche hervorgegangene *St.-Veit-Michaels-Kirche* mit reichhaltiger Emporen- und Deckenmalerei. Zur Osterzeit ist der *Marktbrunnen* besonders schön geschmückt.

● **Burg Greifenstein** - Mächtige barocke Schlossanlage von *Dietzenhofer*, seit 300 Jahren im Besitz der *Familie von Stauffenberg.* Zwei aufrecht stehende Löwen mit Stauffenberg- und Trockau-Wappen befinden sich an der ehem. *Zugbrücke* vor dem Spitzbogentor, dem einzigen Zugang zur Burg. Runder *Pulverturm*, Erker mit Pechnase und Schlüsselscharte und viereckiger *Marienturm.* Im zinnenumrahmten Vorhof mit schönen Arkadenbögen befindet sich der 1691 von *Mainzer Bergleuten* in den Fels gehauene 92 m tiefe *Ziehbrunnen.* Interessante Führung durch die kostbar ausgestatteten Innenräume mit reichhaltiger Waffensammlung. Oberst *Claus Graf von Stauffenberg* war der Onkel des heutigen Schlossbesitzers. Die von *Oculie von Stauffenberg* gezüchteten Irish-Terrier-Hunde *„von der Frankenlerche"* haben Weltruhm.

● **Heiligenstadt - Burg Greifenstein - Aussichtspavillon - Veilbronn** - 2 Stdn - Aufstieg zur *Burg Greifenstein* mit *[MD-*
MA *Weg/Rotem Senkrechtstrich].* Nach dem Wildschweingehege re zum Burgeingang. Von dort mit *[6]* ger durch schöne alte Lindenallee, vorbei am gr Pavillon und ger weiter zur Str *Heiligenstadt - Aufseß.* Hier kurz re, dann li, *Ww [Judenfriedhof Heiligenstadt].* Dann auf Fahrweg durch schönen Wald. Am Waldende kommt *[Gelber Ring]* aus *Heiligenstadt*, diesem Zeichen ger bis
MW zum Aussichtspavillon folgen. Ab Pavillon führt *[Blauer Schrägstrich]*, es geht li am Waldrand entlang, auf dem Querfahrweg kurz li, dann re. Am Wald erst li und dann re wieder durch den Wald. Fahrweg re, an Gabelung li abw ins stille *Werntal* und weiter bis *Veilbronn* zur Einkehr im *Landgasthof Lahner.*

● **Landgasthof Lahner-Buhr** - Gepflegte familiäre Atmosphäre. Urgemütliche Gasträume und Gartenterrasse. Die gutbürgerliche Küche bietet eine reichhaltige Speisenauswahl vom Vesper

und Diätgericht bis zum Rumpsteak. Spezialitäten: Wildgerichte, Forellen und Juralamm. Mittlere Preislage. – *Ru = Mo.*

● **Veilbronn** – Hoch über dem Ort, wo bis 1890 die Reste einer *Streitberger Burg* standen, thront heute das *Naturfreundehaus. Hans Wilhelm von Streitberg*, gestorben 1690, war der letzte adelige Schlossherr von *Veilbronn.*

● **Wegerweiterung Veilbronn – Leidingshofer Tal** – Von *Veilbronn* bietet sich ein Abstecher ins *Leidingshofer Tal* mit seinen herrlichen Felspartien und schöner Wacholderheide an. Hierfür gibt es 3 Wege zwischen 1,5 und 3,6 km. Siehe Wegetafel am Wander-[P].

● **Veilbronn – Heiligenstadt** – 1¾ Stdn – Ri *Heiligenstadt* durch das Dorf, dann li, nach der *Schulmühle* re aufw mit *[Rotem Senk-* *MW*
rechtstrich/6], Ww [Heiligenstadt]. Ger aufw in den Wald und ganz oben li, ebener Pfad. Nach 150 m an Gabelung li, durch den Wald und ger an Kirschbäumen entlang. Auf geteertem Fahrweg ger, bei Gabelung re aufw, dann Schotterweg ger eben, an Schranke vorbei. Im Wald kommt der *[Gelbe Ring]* vom Pavillon, nun beiden Zeichen li abw folgen. Unten am Steilabfall re, Pfad an Hütte vorbei und Str ger. Ca. 50 m nach dem Gartenzwergliebhaber li, Steinweg abw, auch *[Blauer Strich]. Hauptstr* re, bei Apotheke li zum schönen *Marktplatz.*

Oberleinleiter - Hohenpölz - Gr. Tummler - Leinleiterquelle - Heroldsmühle - Oberleinleiter

Weg und Zeit - 9 km - 2¼ Stdn.

Charakteristik - Einer aussichtsreichen Höhenwanderung folgen erholsame Pfade durch ein gewundenes, liebliches, geologisch interessantes Trockental. Es geht am *Hungerbrunnen* und an einer stark schüttenden Quelle vorbei zur idyllischen *Heroldsmühle.*

Anfahrt - B 470 bis *Gasseldorf*, über *Unterleinleiter* und *Heiligenstadt* nach *Oberleinleiter.* A 70 bis *Scheßlitz*, dann Ri *Heiligenstadt.* - B 22 bis *Treunitz*, über *Königsfeld* und *Hohenpölz* nach *Oberleinleiter.*

Parken - Gäste-Ⓟ *Brauerei-Gasthof Ott* oder Wander-Ⓟ an der Str nach *Tiefenpölz*, Abzweigung *Heroldsmühle.*

● **Oberleinleiter - Hohenpölz** - 1 Std - Vom *Brauerei-Gasthof Ott* am Telefonhäuschen vorbei der Hauptstr durch das Dorf folgen. Am Ortsende re, die Str Ri *Brunn* aufw. Nach der Ortstafel
OM zweigen die Markierungen li ab. Hier *ohne Markierung* auf der Str 500 m weiter aufw, dann kreuzt der mit *[Küchenschellen]* markierte *Naturlehrpfad.* Hier, bei dem einzelnen Obstbaum,
MA geht es li von der Str weg, mit *[Grünem Ring]* (Geolog. Pfad), *Ww [Hohenpölz]*, aufw zum Wald und auf dem Fahrweg ger, auch *[Blauer Strich].* Am Waldende ger, mit Teerweg li, auf geteertem Querweg dann re zur Kapelle an der Str. Mit der Str li bis *Hohenpölz.* Am Ortsanfang zweigen die Markierungen li ab
OM (Abkürzung). Es geht *ohne Zeichen* ger, dann re und li durch das Dorf zur alten *Wehrkirche.*

● **Hohenpölz** - Das Höhendorf fällt durch seine geduckte *Wehrkirche* mit breitem, wuchtigem, aber niederem Turm auf. Alte Bräuche wie Wassertragen in der Osternacht und Ratschen während der Karwoche werden hier noch gepflegt.

● **Hohenpölz - Heroldsmühle - Oberleinleiter** - 1¼ Stdn - Nach der Kirche und der alten Linde li, auf der Str li, Ri *Hohenpölz* bis zum *Feldkreuz* ca. 70 m vor der Ortstafel. Hier scharf re an der Scheune vorbei abw, auf geteertem Weg im Linksbogen und an der Gabelung re abw. Vor dem Talgrund kommen der *[MD-*
MA *Weg]* und *[Gelbes Kreuz]* re von *Laibarös.* Mit diesen Zeichen jetzt li neben dem Teerweg auf grasigem Pfad am Waldrand abw und unten li. Der Weg folgt jetzt den Windungen dieses lieblichen Trockentales, das die Gletscher der Eiszeit formten. Es kommt noch ein Fahrweg von *Hohenpölz* herunter, auf ihm nur 80 m, dann li ab. Der Weg wird zum Pfad, in einer Biegung führt ein Pfad zur Felswand. *Großer Tummler* heißt diese 18,5 m lange, 2,5 m breite und 0,8 m hohe Quellhöhle. Diese Quellen, aus denen nur nach starken Regenfällen und zur Schneeschmelze

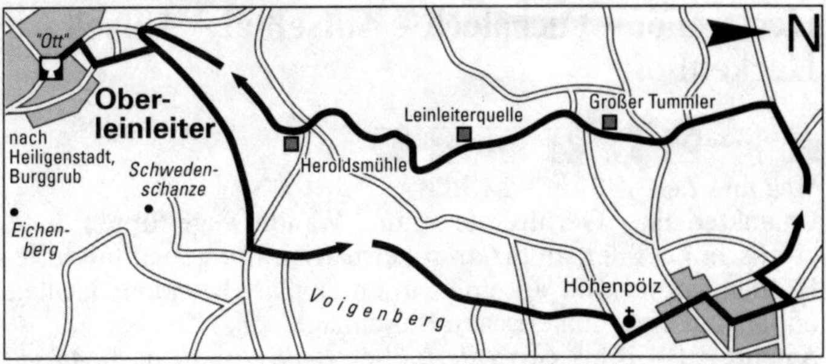

Wasser kommt, nennt der Volksmund *Hungerbrunnen*. Ca. 1 km später entspringt die *Leinleiter*, 150 l Wasser sprudeln hier pro Sekunde aus den Felsen. Jetzt geht es linksseitig um die Fischteiche zur nahen *Heroldsmühle*, deren altes Mühlrad mit dem stolzen Durchmesser von 7 m als größtes Mühlrad der *Fränkischen Schweiz* angegeben wird. Hier kurz li und nach 80 m vor der Scheune re. Bei der Gabelung re auf Wiesenpfad zur *Leinleiter* und neben dem munteren Bach durch den Wald und aufw zur Str. Re nach *Oberleinleiter* zur zünftigen Einkehr im

● **Brauerei-Gasthof Ott** - Familienbetrieb mit rustikalen, urgemütlichen Gasträumen. In angenehmer Atmosphäre gibt es gutbürgerliche Speisen und deftige Brotzeiten aus eigener Schlachtung. Dazu natürlich das gute Bier aus dem Leinleitertal von der hauseigenen Brauerei. - *Ru = Mo.*

● **Das Obere Leinleitertal** - Von *Heiligenstadt* aufw kommt zunächst *Zoggendorf*, dann an der Abzweigung nach *Bamberg Burggrub*. Das Dorf wird schon 1136 genannt und hat viele schöne Fachwerkhäuser. Im enger werdenden Tal liegt dann *Oberleinleiter*, überragt vom *Eichenberg* mit der *Schwedenschanze* und dem *Seigelstein*.

Heckenhof – Fuchsloch – Aufseßtal – Aufseß – Heckenhof

Weg und Zeit – 10 km – 2½ Stdn.

Charakteristik – Geruhsame schöne Wanderwege führen durch zwei schöne Täler, an bizarren Felspartien mit geheimnisvollen Höhlen vorbei und an einem munter plätschernden Bächlein entlang zu einer malerischen Burganlage.

Anfahrt – B 470 bis *Gasseldorf*, über *Heiligenstadt* nach *Aufseß*, dann Ri *Plankenfels*.

Parken – Gäste-P *Kathi Bräu*.

● **Heckenhof – Fuchsloch – Aufseßtal** – 1¼ Stdn – Vom *Gasthaus*
MA *Kathi Bräu* mit *[Rot-weiß Diagonal]* durch *Heckenhof*, bei Gabelung re, Str *Aufseß–Plankenfels* kreuzen. Teerweg ger. Nach ca.
MW 300 m re, *[Roter Punkt]*, auch *[Grüner Strich]*. Bei Gabelung li, in den Wald. An nächster Gabelung re, *[Grünen Strich]* verlassen. Durch Wald, dann freie Flur mit Blick auf *Hochstahl*. Gegenüber Feldkreuz zwischen zwei Linden stößt der Weg an die Str.
OM Mit Str *ohne Markierung* 100 m re, in Rechtskurve li, Feldweg,
MA *Ww [Heckenhof]*, ins *Hochstahler Tal*. Bald re Graben. Im Wald kommen *[Rot-weiß Diagonal]*, dann *[Gelber Ring]* von *Heckenhof*, jetzt mit beiden Zeichen ger dem Tal folgen. Nach einer Wiesenlichtung re das *Fuchsloch* und wenig später die *Bauernhöhle*. Dann biegt *[Rot-weiß Diagonal]* re ab nach *Heckenhof*. Hier ger weiter abw durch das reizvolle Trockental, das bald ins *Aufseßtal* mündet.

● **Aufseßtal – Aufseß – Heckenhof** – 1¼ Stdn – Die Str kreuzen, mit *Ww [Aufseß]* über die Brücke und drüben mit *[Gelbem Ring/Gelbem Kreuz/MD-Weg]* re, im Tal weiter. Der Pfad führt am Waldrand entlang, nach 500 m aufw in den Wald und mit dem Fahrweg re, *Ww*. Im felsigen Wald wird eine kleine Bucht umgangen, dann geht es abw und bei der Gabelung li oben weiter. Bei nächster Gabelung ger aufw auf dem 1993 gebauten *Talholzweg*, vorbei an der Felskanzel *Lämmleinsruh*. 200 m weiter den Fahrweg verlassen und re durch die Felsen abw gehen. An einem Felskoloss mit Sitzgruppe die Stufen hochsteigen und auf schönem Waldweg ger weiter. Am Waldende an den Teichen der *Beispielbetriebanlage für Fischerei* vorbei ger zum *Schloss Aufseß*. Re abw und li an der Burgmauer entlang und re, über die *Aufseß* zum *Brauerei-Gasthof Sonnenhof*. Dort die Str
MW kreuzen und aufw mit *[Grünem Strich]*, *Ww [Hochstahl]* bzw. *[Heckenhof]*. Oben ger weiter aufw und nach dem Felsberg mit
OM kl Höhle ger in den Hohlweg. 150 m weiter *ohne Markierung* re ab, *Ww [Heckenhof]*. Ger durch die Felder, die Str kreuzen und ger durch ein Waldstück zum P *Kathi Bräu* und li zur zünftigen Einkehr in der historischen *Gastwirtschaft Kathi Bräu*.

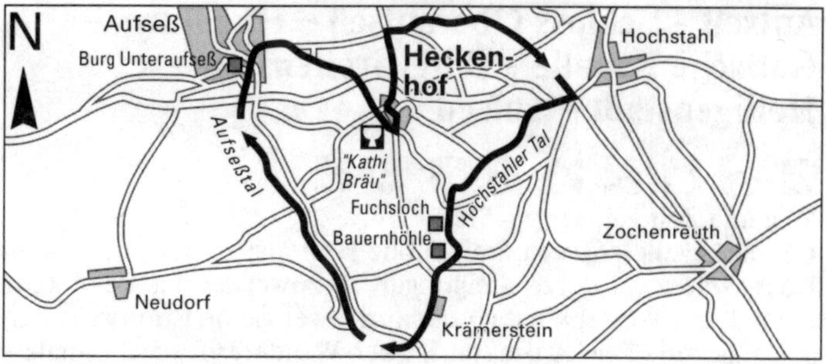

● **Brauerei-Gastwirtschaft Kathi Bräu** - Ein typisches Dorfgasthaus mit urgemütlichen historischen Räumen, wo man sich ganz ungezwungen das bekannt gute dunkelbraune Bier schmecken lässt. Dazu gibt es Essen aus gutbürgerlicher Küche, deftige Brotzeiten und freitags Schaschlik. Die *Gaststätte Kathi Bräu* ist übrigens der Rest eines *Aufseß'schen Schlösschens*, in dem *Caroline von Egloffstein*, geb. *von Aufseß*, aus dem Freundeskreis *Goethes* in *Weimar* ihre Kindheit verbrachte.

● **Der Main-Donau-Weg** - Auf einigen Wegen in diesem Buch begegnet man dem Zeichen des *Main-Donau-Weges [MD-Weg]*. Es handelt sich hier um die Juralinie, die am *Main* in der *Adam-Riese-Stadt Staffelstein* beginnt. 243 Kilometer lang, aber niemals langweilig ist diese Strecke. Der *Staffelberg*, die *Giechburg*, die *Gügelkirche*, *Burg Greifenstein*, *Schloss Unteraufseß*, das Felsendorf *Tüchersfeld* und *Pottenstein* mit der *Teufelshöhle* sowie das Städtchen *Betzenstein* liegen am Weg. Weiter führt er durch die *Frankenalb* über die *Burg Hohenstein* nach *Hersbruck* und durch *Altdorf*. Danach durchquert er den *Oberpfälzer Jura*, führt an *Neumarkt* vorbei nach *Velburg* und durch das Tal der *Schwarzen Laaber* nach *Sinzing* an der *Donau*. Die alte Römerstadt *Regensburg* ist krönender Abschluss des Weges.

Aufseß - Schloss Oberaufseß - Hugoturm - Gotische Kapelle - Burg Greifenstein - Heiligenstadt - Aufseß

Weg und Zeit - 15 km - 4 Stdn.
Charakteristik - Gleich drei schöne Herrensitze liegen an dieser Route, die zwei kurze Steigungen aufzuweisen hat. Man kann auf halbem Weg abkürzen oder auch zwei kleine Rundwege daraus machen. Das Aufseßtal ist bei Wanderern gleichermaßen bekannt und beliebt.
Anfahrt - B 470 *bis Gasseldorf, über Heiligenstadt* nach *Aufseß*. - B 22 bis *Hollfeld* über *Sachsendorf* und *Neuhaus.*
Parken - Gäste-P *Brauereigasthof Sonnenhof* oder unterhalb der Burg, an der Str nach *Heiligenstadt.*

● **Aufseß - Schloss Oberaufseß - Hugoturm - Gotische Kapelle - Heiligenstadt** - 2 Stdn - Vom *Brauereigasthof Sonnenhof* vorbei am Schwimmbad, nach dem Weiher li die *Aufseß* überqueren und aufw, dann re, Hangweg. Ger durch das Wohngebiet, *[Grüner Punkt/Gelbes Kreuz]. Neuhauser Str* ger, ca. 600 m am Wald
MA entlang. An der alten Linde li, *[Grüner Punkt],* aufw zum *Schloss Oberaufseß.* Beim zweiten Rundturm li, auch *[Rotweiß Diagonal]* und *[6]*, am Ende der schönen Lindenallee halb li durch den Wald zum *Hugoturm,* der von schöneren Zeiten träumt. Li am Turm vorbei und halb li mit *[Rotweißem Diagonal]* und *[6]* weiter. Am Fahrweg kurz re und am Querweg li abw. Nach ca. 1200 m kommt *[Roter Senkrechtstrich]* und *[MD-Weg]* aus *Aufseß* (Rückweg). Mit allen Zeichen re. Bei Gabelung
OM auf gr Ackerlichtung re, *ohne Zeichen* 600 m durch die Felder zur
MA Str *Heiligenstadt-Brunn.* Str kreuzen, abw, mit *[Rotem Punkt]* und *[Rotweiß Diagonal]* li, *Ww [Gotische Kapelle].* Schöner Waldpfad vorbei an der Ruine einer monumental wirkenden Kapelle und li um die Felsen an gotischer Marter vorbei zur *Burg Greifenstein.* Vor Mauer mit *allen Zeichen,* auch *[MD]* und *[Roter Senkrechtstrich],* re, bei Gabelung li abw. Str kreuzen, ger aufw an kath. Kirche vorbei abw und li, dann re zum schönen *Marktplatz von Heiligenstadt.*

● **Heiligenstadt - Burg Greifenstein - Aufseß** - 2 Stdn - Vom *Marktplatz* zur *Hauptstr* und li, *Greifensteinstr* re aufw, an kath. Kirche li zwischen Kirche und Str auf Pfad ger, durch Hecken und Wald hinunter zur *Neumühle.* Str kreuzen und halb re durch die alten Linden aufw, alter *[Roter Punkt].* Am Wald *[Roten Punkt]*
MW verlassen, ger aufw. Bald mit *[MD-Weg/Rotweiß Diagonal]* weiter. Nach Wildschweingehege kommt *[Gelbes Dreieck]* von *Burg Greifenstein.* Li auf breitem Waldweg am Obelisk vorbei. Str 35 m li, dann re im Wald weiter, mit *[MD]* und *[Rotem Senkrechtstrich]* gut beschildert. Am Waldende ger nach

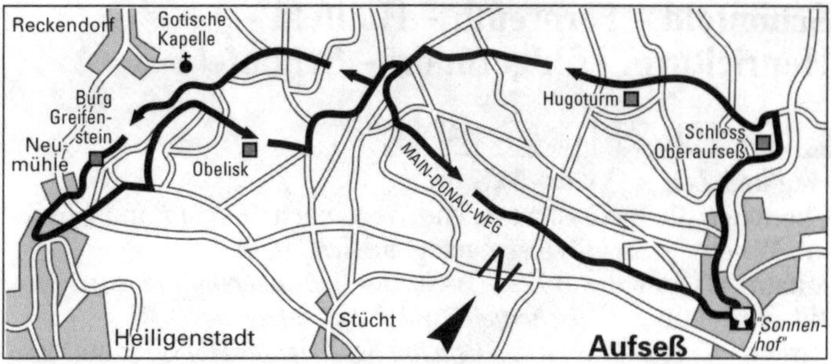

Aufseß. An Burg li, *Burggraben,* zwischen Scheune und Garage durch, re abw, über die *Aufseß* zur gepflegten Einkehr im *Brauereigasthof Sonnenhof.*

- **Brauereigasthof Sonnenhof** – Großzügige Gästezimmer. In rustikalen gemütlichen Gasträumen gibt es bei familiärer Atmosphäre regionale Speisen, auch Wild, Geflügel und Fisch. Hausspezialität: Juralamm. Frische Forellen und saisonbedingt Karpfen. Deftige Brotzeiten, hausgemachter Presssack und Bier aus eigener Brauerei. Biergarten. Kinderspielplatz. Mittlere Preislage. – *Ru = Di.*
- **Aufseß** s. S. 92.

Schönfeld - Fernreuth - Hollfeld - Henriciturm - Pilgerndorf - Schönfeld

Weg und Zeit - 13 km - 3¼ Stdn.
Charakteristik - Aussichtsreiche Wege nach *Hollfeld* und bequeme Waldwege ins idyllisch gelegene *Schönfeld.*
Anfahrt - Über die B 22. - B 470 bis *Behringersmühle* durch das *Wiesenttal* über *Waischenfeld* und *Plankenfels.*
Parken - Gäste-P *Gasthof-Pension Schönfelder Hof* oder auf dem Festplatz in *Hollfeld* an der *Bayreuther Str.*

● **Schönfeld - Fernreuth - Hollfeld** - 1¾ Stdn - Vom *Schönfelder Hof* Str Ri *Hollfeld* durch den Ort, *Lochau* überqueren, an We-
MA getafel vorbei. Vor Ortsende re, *[Gelbes Karo], Ww [Fernreuth],* zwischen Scheunen durch, auf gepflastertem Weg neben einer Schlucht aufw. Am Feldkreuz endet das Pflaster, 200 m später re aufw zum Wald und dann am Wald entlang weiter. Anschließend auf betoniertem Weg durch ein Waldstück und re herum
OM aufw, dann li. Vor *Fernreuth* biegt *[Gelbes Karo]* re ab, jetzt *ohne Zeichen* ger. Im Ort li und vor dem Feuerwehrhaus re, *[Radwegweiser],* in die Felder und li herum. Am zweiten re einmünden-
MA den Weg kommt *[Rotes Karo]* und dieses Zeichen führt jetzt bis *Hollfeld.* Am Wald ger, dann durch Felder und am Wald aufw. Querweg re, hier schöne Aussicht. Durch Wald und an Gabelung li abw, etwas re durch Felder. Am Modellfluggelände li abbiegen, durch Wald und Felder auf die Stadt zu. Den *Hirtenberg* abw, gegenüber dem Haus Nr. 6 re durch das Torhaus, über die *Kainach* und abw zur *Wiesent* und zum *Spitalplatz* zur Einkehr im

● **Gasthof-Pension Schrenker** - Das Haus erhielt 1994 die Urkunde *Bayerische Küche.* In gemütlichen rustikalen Gasträumen werden in ungezwungener Atmosphäre gutbürgerliche Speisen serviert. Frische Forellen sowie Wild und Braten von Tieren aus regionaler Aufzucht. Spezialitäten aus eigener Schlachtung. Eigene Tierhaltung. Günstige Preise. - *Ru = Mi.*

● **Hollfeld - Henriciturm - Schönfeld** - 1½ Stdn - Vom *Spitalplatz* in *Langgasse,* weiter bis zum *Unteren Markt* und dort re die *Steingasse* aufw am Brunnenhäuschen und an der *Maria-Himmelfahrt-Kirche* vorbei zum *Marktplatz.* Neben der *Gungolfkirche* abw, *Gungolfsberg.* Unten *Langgasse* kreuzen, li *Kainach* überqueren, bei Wegetafel re, *Friedrich-Pezold-Str.* Nach 50 m Steig li
MW aufw, *[Grüner/Gelber/Roter Punkt].* An Gabelung re aufw und re auf ebenem Weg an den alten Linden entlang. Vor Str mit Fahrweg li, allmählich aufw. Oben in der Linkskurve *[Roten Punkt]*
MW verlassen und li, auch *[Grünes Kreuz],* auf Waldweg abw. An Gabelung li, auch *[Blaues Kreuz].* Fahrweg li aufw, am P re ab auf linkem Pfad durch Jungwald zum *AT Henriciturm.* Ger abw,

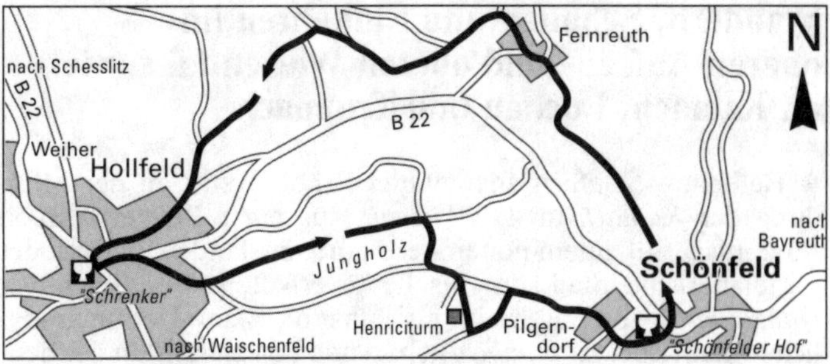

auch wieder *[Roter Punkt]*, nach 100 m *Ww [Schönfeld/Grüner Punkt/Kreuz]*. Am Waldende li und Fahrweg re, an Feldkreuz vorbei. Nach Bretterscheune li auf grasigem Weg abw nach *Pilgerndorf*. Str re herum abw, Str nach *Wohnsdorf* kreuzen und Str weiter bis *Schönfeld* zur Einkehr im *Gasthof-Pension Schönfelder Hof*. *MW*

● **Gasthof-Pension Schönfelder Hof** – Schön gelegenes Haus mit gemütlichen Gasträumen und schönem Biergarten. In gemütlicher familiärer Atmosphäre gibt es gutbürgerliches Essen aus der Hausschlachtung und Wild von der eigenen Jagd. Untere bis mittl. Preisklasse. – *Ru = Mo.*

Wandern, Schauen und Einkehren im oberen Aufseß- und oberen Wiesenttal sowie an Kainach, Lochau und Truppach

● **Hollfeld** – Staatlich anerkannter Erholungsort an der Mündung der *Kainach* in die *Wiesent.* Aus einer 1017 erwähnten Burganlage auf einem hohen Bergsporn entstanden, hat sich der mittelalterliche Stadtkern bis heute erhalten. Der Turm der *Gangolfkirche* überragt weithin sichtbar die Stadt. Der ursprünglich romanische, zu *Bamberg* gehörende Bau stammt in der heutigen Form aus dem Anfang des 18. Jh. Am *Marienplatz,* den das *Obere Tor* begrenzt, steht auch noch das schöne *Alte Rathaus* und das *Wittauerhaus* mit malerisch schönem Fachwerk. Sehenswert sind auch die spätbarocke *Stadtpfarrkirche* mit prachtvoller Rokokoausstattung, der Ziehbrunnen am *Pfarrhof,* das *Bartholomäusspital* und die von *Dietzenhofer* erbaute, reich ausgestattete *Wallfahrtskirche St. Salvator.*

● **Aufseß** – Der Stammsitz der *Herren von Aufseß* ist *Schloss Unteraufseß.* Die Burgkapelle birgt einen Flügelaltar aus dem 15. Jh. Schön sind aber auch der Ahnensaal, die Schlosskirche und das *Meingotzsteinhaus* mit der Studierstube des Gründers des *Gemanischen Nationalmuseums* in *Nürnberg, Hans von Aufseß.* Talaufwärts liegt das nicht weniger malerische *Schloss Oberaufseß* und dann folgen von bizarren Felswänden umgeben die Orte *Neuhaus,* ebenfalls um eine Burg entstanden, und *Sachsendorf* am Aufseßknie. Schöne Wanderwege führen auch nach *Heckenhof,* einem ehem. *Aufseßschlösschen,* nach *Hochstahl* und *Zochenreuth.* In der Gemeinde gibt es vier Brauereien, die das original fränkische Bier produzieren.

● **Plankenfels** – Der Ort liegt oberhalb des Zusammenflusses von *Truppach* und *Wiesent.* Hoch über dem *Wiesenttal* steht *Schloss Plankenfels,* eine einstige Tochterburg der *Veste Plankenstein,* die ca. 1200 m nordöstlich davon auf einem Bergsporn oberhalb der Einmündung der *Lochau* in die *Truppach* stand. Im Jahr 1217 wird *Cunradus de Blanchenstein* erwähnt, der vermutliche Stammvater der *Plankenfelser,* die 1255 urkundlich genannt werden. Während die *Veste Plankenstein* schon 1280 dem *Bischof von Bamberg* gehörte, saßen die *von Plankenfels* bis 1486 auf *Schloss Plankenfels.* Danach wechselte das Schloss mehrmals den Besitzer, bis es 1786 die *Herren von Egloffstein* erwarben. Von der Felsenformation bei *Plankenstein,* die nur noch klägliche Reste der einstigen Festung trägt, hat man einen herrlichen Blick über die Täler von *Wiesent, Lochau* und *Truppach.* Die typische Juralandschaft um *Hollfeld, Aufseß* und *Plankenfels* lässt jedes Wanderherz höher schlagen. Viele reizvolle Wanderziele, idyllische Talabschnitte und aussichtsreiche Höhen laden zum Wiederkommen ein.

Staatlich anerkannter Erholungsort

HOLLFELD

Hollfeld, am Rande der Fränkischen Schweiz, liegt inmitten einer heilen Naturlandschaft, die Ihnen noch klare und gesunde Luft bietet. Auf den ca. 100 km Wanderwegen durch ausgedehnte Wälder entlang den Bächen und auf den Höhen genießen Sie die Ruhe fernab vom Verkehr.

Auskunft: Verkehrsamt Hollfeld im Wittauerhaus, Marienplatz, 96142 Hollfeld, Tel: 09274/98000, Fax: 09274/98029.

Gemeinde

AUFSESS

Die Gemeinde Aufseß liegt inmitten des Erholungsgebietes Fränkische Schweiz, eingebettet im romantischen Tal der Aufseß.
Die Orte Ober- und Unteraufseß gruppieren sich malerisch um ihre Schlösser. Eine Besonderheit bietet die Gemeinde Aufseß: vier Brauereien produzieren das original fränkische Bier. Die sprichwörtliche Gastlichkeit der Franken wird Urlaubern und Besuchern in allen Gasthöfen geboten. Zum Wiederkommen und Verweilen lädt die typische Juralandschaft ein. Spaziergänge und Wanderungen in ausgedehnten Wäldern tragen zur Erholung und Entspannung bei.

Auskunft: Gemeinde Aufseß, Rathaus, Schloßberg 98, 91347 Aufseß, Tel: 0 91 98/ 99 88 81, Fax: 0 91 98/99 88 82.

Gemeinde Plankenfels

Es lohnt sich, Plankenfels zu besuchen! Die verstreut zwischen Wiesen und Wäldern gelegene Gemeinde im nördlichen Teil der Fränkischen Schweiz empfängt den Ruhe- und Erholungssuchenden mit ihrem bäuerlichen Charme. Plankenfels hat seine ländliche Atmosphäre bis heute erhalten. Abseits von jeglichem Verkehr bildet das idyllisch gelegene Lochautal am Fuße des Plankensteins ein Paradies für Wanderer.
Malerisch schön auf steilem Felsen erhebt sich über dem Wiesenttal das alte Schloß. Vom nahen Plankenstein, einem an drei Seiten steil abfallenden Berg, bietet sich ein herrlicher Blick über die Täler von Wiesent, Lochau und Truppach.

Auskunft: Gemeinde Plankenfels, 95515 Plankenfels, Tel: 0 92 04/2 92 oder 2 25

Wonsees - Sanspareil - Schirradorf - Krögelstein - Wonsees

Weg und Zeit - 19 km - 4¾ Stdn.

Charakteristik - Abwechslungsreiche Wanderung zu herrlichem Felsengarten, schöner Burg und durch liebliche Täler mit bizarren Felsbildungen.

Anfahrt - *B 22* bis *Hollfeld,* dann Ri *Freienfels* abzweigen, über *Kainach* oder *Krögelstein.*

Parken - *Gäste-*🅿 *Gasthof „Zur Krone"* oder am *Marktplatz.*

● **Wonsees - Sanspareil** - knapp 1 Std - Am *Marktplatz* unter-
MA halb der Wegetafel mit *[Blauem Ring/Wacholder] und [6]* li, Bach überqueren und 50 m später li, *Ww [Wacholderweg],* zwischen den Scheunen durch und li, auch *[Gelber Punkt], Ww [Gelbsreuth],* durch das schöne *Wacholdertal.* Nach 1 km bei der Schutzhütte mit allen Zeichen li. Beim Querweg *[Blauen Ring]*
MW verlassen und mit *[Blauem Kreuz]* li gehen. Immer ger bis *Sanspareil,* unterwegs kommt *[Blauer Ring]* von *Wonsees.*

MW ● **Sanspareil - Schirradorf** - 1½ Stdn - In *Sanspareil* re, *[Rotes Kreuz/Ring]* zu Wander-🅿 am *Felsengarten.* Der Rundgang durch das 1744 von *Markgräfin Wilhelmine* in einen Lustgarten umgewandelte Felsenlabyrinth beginnt hinter dem *Morgenländischen Bau.* Zunächst Ri *Naturtheater,* vorbei an *Regenschirm* und *Mentorsgrotte,* durch die *Dianagrotte* zum *Belvederefelsen,* zur *Theatergrotte* und weiter zur *Aerolus-* und *Sybillengrotte.* Zurück durch den Ort, unterhalb der Burg vorbei, am Ortsende
MW nach der Kurve mit *[6 im roten Dreieck]* re hinaus in die Felder und li herum, auf gepflastertem Weg. An der Kreuzung *Ww* re
MW abw und den zweiten Weg li aufw, mit *[Schwarzem Ring], Ww [Schirradorf].* Oben re durch den Waldstreifen und re aufw, dann ger in den Fichtenwald. Durch Felder abw und an der neuen Feldscheune li an zwei weiteren Scheunen vorbei abw durch Wald zur Str. Mit der Str re nach *Schirradorf* zur gemütlichen Einkehr im *Gasthof-Pension Erlmann,* direkt am 50. Breitengrad.

● **Gasthof-Pension Erlmann** - Ruhig gelegenes Haus mit gemütlichen rustikalen Gasträumen. In familiärer Atmosphäre gibt es gutbürgerliches Essen, fränkische Spezialitäten sowie Wild, Geflügel und Fisch aus mehrmals ausgezeichneter Küche. Eigene Schlachtung und Hausgebäck. Untere bis mittlere Preislage. - *Kein Ru.*

● **Schirradorf - Krögelstein - Wonsees** - 2¼ Stdn - Am *Gasthof Erlmann* li, um den Landmaschinenbetrieb aufw. Oben Str li
MW aufw, in Rechtskurve ger, mit *[4],* Fahrweg fast parallel mit
MW Stromleitung. Str 100 m re, zur Linde, dann mit *[Grünem Strich]* und *[6]* etwa 25 m auf grasigem Weg. Querweg re aufw und nach

200 m dem Querweg li folgen, bei Gabelung li zum Wald und abw durch ein stilles Tal bis *Krögelstein.* In *Krögelstein* vor Ortsende, am Felsberg, vor der Brücke li, *Ww [Sanspareil/Rotes Kreuz]* und *[6].* Etwas aufw auf freiem Feld über eine Geländewelle und abw bis *Wonsees* zur gemütlichen Einkehr im *Gasthof „Zur Krone".*

● **Gasthof „Zur Krone"** – Zentral gelegenes, familiär geführtes Haus mit rustikalen, gemütlichen Gasträumen, schönem Saal und Terrasse. Aus ausgezeichneter Küche kommt gutbürgerliches Essen aus eigener Schlachtung, aber auch Fisch und Geflügel. Untere bis mittlere Preislage. – *Ru = Mo.*

Truppach – Obernsees – Knockhütte – Wohnsdorf – Plankenfels – Plankenstein – Meuschlitz – Wachstein – Truppach

Weg und Zeit – 18 km – 4½ Stdn.

Charakteristik – Gemächlicher Aufstieg zum *Knock,* erholsame Talwanderung. Nach steilem Anstieg zurück.

Anfahrt – Von *Bayreuth* B 22 Ri *Hollfeld,* Abzw. Ri *Plankenfels.* – A 9, *Ausf. Trockau,* Ri *Ahorntal,* dann Ri *Glashütten* und *Obernsees.* – Auf B 470 in *Behringersmühle* Ri *Hollfeld* bis *Plankenfels,* dort Ri *Obernsees.*

Parken – *Gäste-*🅿 *Gastwirtschaft Krauß* oder an der Str.

● **Truppach – Obernsees – Knockhütte** – 1 Std – Vom „*Krauß*“ Ri
MA *Obernsees.* Am Spiegel li, *Ww [Grüner Ring].* Fahrweg aufw durch Wald und Felder. An zweiter Feldflur *[Grünen Ring]* ver-
MW lassen. Mit *[Gelbem Ring]* re zum Wald abw. In den Feldern Fahrweg li abw. Dann aufw und durch die Äcker. Im Wald re, um die Ackerflur und auf br Waldweg li, abw durch Hohlweg und freie Flur bis Obernsees. Am Schalthaus li, *Ww [Knock],* Fahrweg aufw, nach *Schützenhaus* freie Flur bis zur *Knockhütte.*

● **Knockhütte** – In herrlicher Lage (560 m) auf Pfählen errichtete Berghütte mit schöner Aussichtsterrasse und zünftigem Gastraum. Bei deftiger Brotzeit oder fränkischen Schmankerln genießt man die einmalige Aussicht. – *ÖZ: Sonn- und Feiertage 10–22 Uhr.*

● **Knockhütte – Wohnsdorf – Plankenfels** – 2 Stdn – Mit *[Gelbem Ring]* nach den Toiletten re und vor der gr Wiese li, Wald aufw und re durch die Felder. Am Wald li und in den Feldern re, *Ww [Schönfeld].* 100 m auch *[Grünes Karo],* dann auf Fahrweg li, oben bleiben. Auf gepflastertem Querweg re, auch *[Grüner Punkt],* Ri *Schönfeld.* Nach 100 m li, auch *[Blauer Senkrechtstrich], Ww [Wohnsdorf].* Es geht allmählich abw, vor *Utzbürg* re abw. In *Wohnsdorf Lochau* überqueren, dann li und wieder re. Str 100 m li aufw folgen. *Ww,* Pfad li abw, am Wald entlang dem lieblichen *Lochautal* folgen. 400 m nach einem Feldkreuz zweigt ein Pfad nach *Meuschlitz* ab (Abkürzung). Ca. 1½ km weiter wird die *Lochau* überquert und es geht li des Bächleins weiter bis vor die ehem. Bahnbrücke bei *Plankenfels.*

● **Plankenfels – Plankenstein – Meuschlitz – Wachstein – Truppach** – 1½ Stdn – An Bogenbrücke scharf li, auch *[Roter Strich /Grüner Punkt],* durch den Wald aufw. Am Waldende dem Waldrand folgen. Am Waldeck dann re aufw, li Wiese, re Heckenzei-
MW le. Oben li, Pfad zum Aussichtsfelsen und mit *[Rotem Strich]* re
MW durch die Felsen. Dann *Ww,* wieder mit *[Gelbem Ring/Grünem Punkt]* abw durch *Plankenstein* und mit Str nach *Meuschlitz.* Durch *Meuschlitz* und am Waldende *[Grünen Punkt]* verlassen,

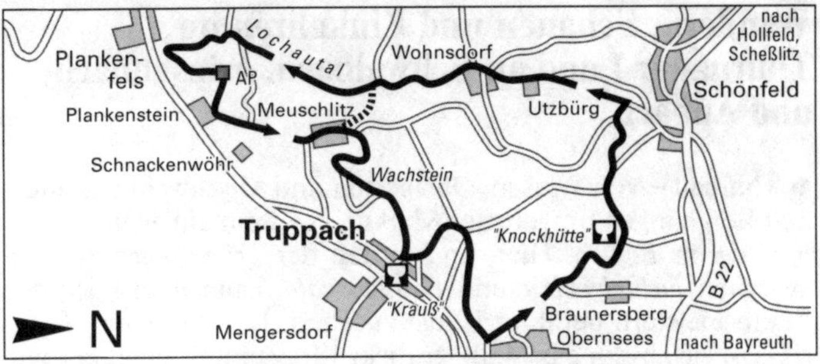

mit *[Gelbem Punkt]* re aufw. An Wegkreuzung re, ebener Weg, nach Wäldchen li aufw. Auf der Höhe re, am Wald entlang und li zum *AP Wachstein.* Li abw, Querweg re ab (li Birken) und nach 10 m *ohne Markierung* re ab, *Ww [Truppach].* Im Wald re, *[Grüner* *OM*
Ring], durch bekannten Hohlweg abw zur zünftigen verdienten Einkehr in der *Gastwirtschaft Krauß.*

● **Gastwirtschaft Krauß** - In den gemütlichen rustikalen Gasträumen oder im Biergarten gibt es deftige fränkische Brotzeiten zu günstigen Preisen mit selbst gemachtem Bauerngeräuchertem aus eigener Schlachtung. Auch in Dosen zum Mitnehmen. - *Ru = Do.*

Wandern, Schauen und Einkehren im Thurnauer Land an Schwalbach, Friesenbach und Aubach

● **Thurnau** – Von Wiesen, Obstgärten und Mischwald bestandenen Berghängen umgebener Marktflecken mit einzigem *Töpfermuseum* in *Bayern.* Hier, im Norden der *Fränkischen Schweiz,* zwischen *Fichtelgebirge* und *Frankenwald,* kann man noch den Töpfermeistern bei ihrer Kunst zusehen. Die *Thurnauer Töpferei* lässt sich bis in das 14. Jh. zurückverfolgen und spielt bis heute eine große Rolle. Zu den Glanzpunkten des *Töpfermuseums* gehören zwei schöne Kachelöfen aus der Biedermeierzeit und dem ausgehenden 19. Jh. und die originale *Schwarze Küche.* – Sehenswert ist der Ortskern mit dem gewaltigen, 1239 erstmals erwähnten Burgschloss, dem mit der Kirche verbindenden Brückengang und der *Laurentiuskirche* mit reichen Stuckarbeiten und prachtvollen Schnitzarbeiten an der doppelstöckigen Herrschaftsempore. – Eine Wanderung in die nahe Umgebung, durch grüne Täler, Wälder und über aussichtsreiche Höhen tut Herz und Gemüt gut.

● **Kasendorf** – An drei Seiten von Laubwald bedeckten Höhenzügen umschlossener Marktflecken. Vom 497 m hohen *Turmberg* grüßt der *Magnusturm.* Freigelegte *Hügelgräber* und Reste einer keltischen *Ringwallanlage* sind eindrucksvolle Zeugen der Vergangenheit. Kunstvolle Fachwerkhäuser umgeben den *Marktplatz* auf dem vor allem der 250 Jahre alte *Herkulesbrunnen* sehenswert ist. Schöne Wanderwege führen zum *Neudorfer Lindlein,* zum *Sonnentempel* am *Reuther Berg* oder auf das 4 km lange Hochplateau des *Grönauer Angers* mit herrlichem Panoramablick von der *Fränkischen Schweiz* zu *Frankenwald, Fichtelgebirge* und *Thüringer Wald.*

● **Wonsees** – Der Marktflecken an der *Schwalbach* ist Ausgangspunkt für eine Vielzahl von Wanderzielen in einer reizvoll modulierten Landschaft. Glanzpunkt ist das nahe *Sanspareil* mit der *Burg Zwernitz* und dem *Felsengarten,* den *Wilhelmine von Bayreuth,* die Lieblingsschwester *Friedrichs II.*, schuf. Sie war von der Formenvielfalt dieses Buchenhains mit den malerischen Felspartien schon 1745 so begeistert, dass sie ihn zu einem der frühesten und bedeutendsten Landschaftsgärten des europäischen Kontinents werden ließ. Auch das *Wacholdertal* mit bizarren Felstürmen, kleinen Höhlen und eindrucksvollen Wacholderhängen oder das *Klingelloch,* ein *Hungerbrunnen* am *Schwalbenstein* und weitere schöne Wege erfreuen den Wanderer. Das Wahrzeichen des Ortes *Wonsees* ist der Kirchturm der *Laurentiuskirche* mit den vier *Scharwachttürmchen.*

DIE ROMANTISCHEN DREI ... IM KULMBACHER LAND

THURNAU – das 750-jährige Töpferstädtchen

Sehenswürdigkeiten:
- Historischer, denkmalgeschützter Ortskern mit
- Schloss und Brückengang zur St.-Laurentius-Kirche
- Töpfermuseum (Führungen nach vorh. Absprache)
- Noch heute arbeiten sechs Töpfereien hier am Ort
- Tanzlinde im Ortsteil Limmersdorf (Kirchweih Ende August)
- Sehenswerte Kirchen in den OT Alladorf, Berndorf, Hutschdorf, Limmersdorf und Trumsdorf

Sportmöglichkeiten:
- Freibad, Sportplatzanlage, Tennisplätze, Radwege, Golfplatz
- Schlossweiher und Kropfenanlage (Naherholungsbereich)

Gute und preiswerte Gastronomie!
Übernachtungsmöglichkeiten im Gasthof, Hotel oder Privat!

Auskunft: Fremdenverkehrsamt Thurnau,
95349 Thurnau, Tel.: 09228/951-35 oder -0, Fax 09228/951-51

Kasendorf

Wandervorschläge:
Naturlehrpfad – Hornschuch-Naturpfad:
Rundwanderweg um den Markt Kasendorf, speichenartige Verbindungswege zum Ort, 1936 angelegt – Hinweistafeln über Geologie, Botanik, Vor- und Frühgeschichte. Ruhebänke; Beginn Pfarrwald. **– Pfarrwald – Geologischer Teil des Naturpfades – Trimm-Dich-Pfad – Turmberg:** 498 m ü. M., mit Magnusturm, Festplatz und Friesenmühle – **Magnusturm – Waldlehrpfad – Sportplatzanlagen – Tennisplätze – Radwege – Skilift – Langlaufloipen.**
Görauer Anger:
554 m ü. d. M., umfassendste und schönste Panoramasicht des nördl. Jura. · Fernsicht: Thüringer Wald, Frankenwald, Fichtelgebirge, Rauher Kulm, Frankenjura (50 km Radius) · Gewaltige Schwammkalkfelsen des weißen Jura (Malm) entlang d. Steilhangrandes (Landschaftsschutzgebiet)

Auskunft: Marktverwaltung Kasendorf,
95359 Kasendorf, Tel. 0 92 28/9 99 60, Fax: 0 92 28/99 96 99

Wonsees

Die Gemeinde Wonsees (400–550 m) beherbergt in **Sanspareil** den

- **Felsengarten im Buchenhain**, den „Wallfahrtsort der Franken" (Zschokke) mit dem
- **Naturtheater** und dem
- **Morgenländischen Bau**
- den ersten Englischen Garten auf europäischem Festland (den die Markgräfin Wilhelmine von Bayreuth im 18. Jh. schuf).

Ständige Führungen und Bewirtschaftung (Parkcafé)!

Auskunft: Marktverwaltung Kasendorf,
95359 Kasendorf, Tel: 0 92 28/99 96-0, Fax 0 92 28/99 96-99

Obernsees – Gaislareuth – Hoher Berg – Mistelgau – Frankenhaag – Ochsenholz – Harloth – Obernsees

Weg und Zeit – 15 km – 3¾ Stdn.

Charakteristik – Aussichtsreiche Höhenwege führen zu Bayerns jüngstem Thermalbad und vorbei an einer Kapelle auf einer alten Kultstätte, dann durch erholsamen Mischwald zurück.

Anfahrt – A 9, Ausf. *Bayreuth-Süd*, B 22 Ri *Hollfeld*. – A 73, Ausf. *Forchheim*, B 470 Ri *Pegnitz* bis *Streitberg*, dann über *Plankenfels*. – A 73, Ausf. *Bamberg*, B 22 über *Hollfeld*. – Buslinien: 8446 *Bayreuth–Gößweinstein*, 8449 *Bayreuth–Obernsees* und 8441 *Bayreuth–Eckersdorf*.

Parken – Am *Thermalbad* oder in der *St. Rupertstraße*.

● **Mistelgau** – Die aus den Gemeinden *Mistelgau*, *Truppach*, *Frankenhaag, Plösen, Seitenbach, Wohnsgehaig* und *Obernsees* hervorgegangene Gemeinde liegt im beliebten Erholungsgebiet *Hummelgau*, umgeben von mischwaldbestandenen Höhen, am Rande der *Fränkischen Schweiz*. Sehenswert sind der *Barockgarten* in *Obernsees* und die Kirchen von *Mistelgau, Obernsees* und *Mengersdorf*. Im Wappen von Mistelgau neben dem Mistelzweig ein Einhornrumpf aus dem Wappen der *Herren von Lüschwitz*, darunter eine Rose mit goldenen Butzen aus dem Wappen der *Herren von Aufseß*, beides bedeutende Adelsgeschlechter in der Geschichte der Gemeinde. Die Vierung im Schildfuß erinnert an die *Hohenzollern*, die sich seit 1248 als spätere *Markgrafen von Brandenburg-Bayreuth* nachweisen lassen.

● **Glashütten** – Die heute moderne Wohngemeinde wurde erstmals 1371 erwähnt. Sie liegt malerisch an drei Seiten von bewaldeten Hügeln umgeben, die einen wunderbaren Ausblick aufs *Fichtelgebirge* bieten. Der *Kreislehrgarten* im Ort gibt wertvolle Anregungen für die naturnahe Garten-Gestaltung. Das Wappen von Glashütten zeigt auch das Einhorn und eine Zinnenmauer der *Herren von Wirsberg*, die von 1575 bis 1728 hier residierten. Die Hohenzollernvierung befindet sich im oberen Wappenteil.

● **St. Rupert Kapelle** – An alter Kultstätte, in Straßengabelung, neben einer mineralhaltigen Quelle im Jahr 1080 erbaut. Die Kapelle *St. Rupert* wurde von *Bischof Ruprecht von Bamberg*, dem Apostel der Bayern, geweiht. Das barocke Langhaus und der Turm wurden 1710 errichtet, der Chor stammt noch von 1479. Inschrift über dem Nordportal: CEMZB (Christian Ernst, Markgraf zu Bayreuth) erweitert und erhöht ACMDCCX (1710). Neben der Kapelle, an der Str nach *Mistelgau* steht das 1730 neu errichtete *Brunnenhaus* über der Mineralquelle.

● **Obernsees – Geislareuth – Hoher Berg – Mistelgau** – 1¼ Stdn – *Vordere Dorfstr* re und mit *[Rotem Ring]* in die *St. Rupertstr*,

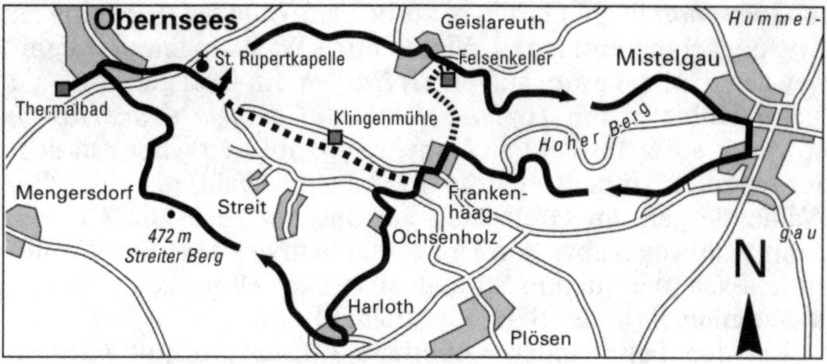

draußen vorsichtig die Str nach *Eckersdorf* kreuzen. An der *St. Rupert Kapelle* Str Ri *Mistelgau,* am *Brunnenhäuschen* vorbei. Bach überqueren und nach 2. Brücke li, *Ww [St. Rupertweg].* Waldweg aufw, dann eben ger, eine Lichtung streifen, dann aufw nach *Geislareuth.* Im Weiler li, auch *[Gelbes Kreuz],* dann re aufw durch ein Gehöft und li zum Wald. Den Querweg kreuzen, ger aufw, an Felsenkeller ganz li. *[Gelbes Kreuz]* biegt ab nach *Frankenhaag, Ww [Abkürzung].* Hier mit *[Rotem Ring]* leicht aufw, an Gabelung li in den Wald, an Ackerlichtung li, im Wald u. an Baumreihe entlang. Im Wald kommt *[Grüner Ring]* von re und *MW*
führt li aufw, hier li und sofort wieder li, auch alter *[Roter Strich],* auf fast ebenem Waldweg um den Gipfel. Nach 600 m kommt *[Grüner Strich]* wieder. 150 m später li ab, auf Pfad an der Steil- *MW*
kante entlang bis zum Waldende oberhalb von *Tennig.* Fahrweg abw am Sportplatz und Löschteich vorbei, *Schulstr* ger.

● **Mistelgau - Frankenhaag** - 1 Std - Vor dem *Kirchenweg,* vor den Garagen, re Pfad durch Gärten und Felder. *Eichenstr* mit *[Rotem Ring/Grünem Strich]* abw. Vor der Umgehungsstr re, auf Fahrweg li in den Wald. Hohlweg aufw, an Gabelung re, auch *[Grüner Ring],* schöner Waldweg, teilweise am Wald entlang, dann li abw nach *Frankenhaag.*

● **Frankenhaag - Ochsenholz - Harloth - Obernsees** - 1¾ Std - Str 75 m re, Ri *Obernsees,* dann li Ri *Streit.* Bach überqueren, aufw und re, mit *[Grünem Strich/Gelbem Kreuz]* li aufw Ri *Ochsenholz.*

In *Ochsenholz* li, am Garten re vorbei, am Wald bei Gabelung re. An Jungfichten entlang, li Wiese, durch Waldstreifen und Fahrweg ger, dann li herum aufw nach *Harloth.* Im Dorf ger, am Wald

MW li, im Hohlweg mit *[Gelbem Punkt auf blauem Grund/Rotem Strich]* re aufw. Im Feld an Gabelung li, mit herrlicher Aussicht auf schönem Höhenweg immer ger, bald li Wald, re Felder. Bei Waldende ger, am Grenzstein ger und am nächsten Wald re, dann Waldweg li abw. Am Holzkreuz Fahrweg re abw bis Waldende. Bach überqueren, Str li, dann re nach *Obernsees.*

● **Variationen** (in der Skizze gestrichelt):

1) Bei den Felsenkellern, oberhalb *Gaislareuth*, mit *[Gelbem Kreuz]* nach *Frankenhaag.* Ca. 1½ Stdn kürzer.

OM 2) In *Frankenhaag,* vor der Weide *ohne Zeichen* re auf Radweg, zwischen Bach und Straße, an *Klingenmühle* vorbei zur *St. Rupert Kapelle* und nach *Obernsees.* Ca. 1¼ Stdn kürzer.

● **Rundwanderwege –** Ab *Mistelgau* sind 5 und ab *Obernsees* sind 6 Rundwanderwege zwischen 4,5 km und 11 km mit farbigen Ringen oder Punkten markiert. Um Glashütten gibt es 8 Rundwanderwege zwischen 2,8 km und 17 km.

● **Thermalbad Obernsees –** In dem im Mai 1998 eröffneten *Thermalbad Obernsees* sind Wasserspaß und Wohlbefinden Triumph. Hier kann man die erholsame Kraft des Thermalwassers und die entspannende Wirkung der Sauna genießen. Farben- und Lichtspiele, Klangerlebnisse und eine wohltuende stressfreie Atmosphäre helfen, vom Alltag abzuschalten. Vier Becken, davon zwei im Freien, mit Temperaturen zwischen 30 und 36 Grad, bieten Badespaß und Erholung pur mit Einrichtungen wie *Wildbach*, *Wasserfall*, *Sprudelliegen*, *Massagedüsen*, *Hotwhirlpool* und *Nackenduschen. Solarien*, ein *Bistro* mit Freiterrasse, in dem man den Gast mit fränkischen und internationalen Köstlichkeiten verwöhnt, sowie die privat betriebene *Physiotherapieabteilung* runden das Angebot der Badewelt der *Therme Obernsees* ab. Zum gesunden und ausgiebigen Schwitzen kommt man in der attraktiven Saunawelt z. B. in einer *Finnischen Sauna* mit Temperaturen von 90 bis 100 Grad, in einem 50 bis 60 Grad warmen *Sanarium* mit *Lichttherapie* sowie in einer *Fränkischen Kräutersauna.* Das Besondere außerdem: die *Blockhaussauna* mit Duschhöhle und großzügig angelegtem Garten. Für die richtige Abkühlung sorgt im Freien ein Becken mit *Wasserfall*, *Bodensprudler* und *Nackenduschen*, im Innenbereich steht ein *Erlebnisbrunnen* sowie ein Wasserraum mit den verschiedensten Erlebnisduschen bereit. Die notwendige Entspannung findet man anschließend im Ruheraum und in der *Ruhegrotte. Solarien* sowie eine *Saunafitbar* machend das Angebot der Saunawelt perfekt. Nach einem Gutachten der technischen *Universität München* wurde die mineralhaltige Quelle der *Therme Obernsees* als Natrium-Chlorid-Hydrogencarbonat-Quelle charakterisiert. Dem sehr weichen Wasser, das in rund 1300 m Tiefe 44 Grad

heiß entspringt, wurde eine allgemeine gesundheitsfördernde Wirkung bescheinigt.
Das Mitnehmen von Bargeld in der Badehose erspart ein kleiner Chip, der schon den Weg ins Bad öffnet und in der gesamten Anlage als Zahlungsmittel gilt. Nur vor Verlassen des Bades wird am Zahlautomaten abgerechnet. *OM*

ÖZ: Mo, Mi und Do 9.30–22.00 Uhr, Di und Fr 8.30–22.00 Uhr, Sa, So und an Feiertagen 8.30–20.00 Uhr. Kostenlose Kinderbetreuung am Mo und Do von 9.30–12.30 Uhr. Am Mo ganztägig Damensauna (außer an Feiertagen).

Thurnau-Schorrmühle – Limmersdorf – Tannfeld – Berndorf – Schorrmühle

Weg und Zeit – 14½ km – 3¾ Stdn.
Charakteristik – Rundweg am Nordrand des *fränkischen Jura* mit weiten Wiesen und Obstgärten, Misch- und Nadelwäldern, mit aussichtsreichen Höhen und kleinen Dörfern. Ein Anstieg von ca. 30 Min ist zu bewältigen.
Anfahrt – A 70, *Bamberg–Bayreuth*, Ausfahrt *Thurnau-West.* In *Thurnau* 1. Str *(Schorrmühlstr)* re.
Parken – Großer Gäste-P bei der *Schorrmühle.*

● **Restaurant-Café Schorrmühle** – Beliebte Ausflugsgaststätte in ruhiger Lage. Stilvolle Gasträume, auch für größere Feiern. Herrliche Sonnenterrasse. Ausgezeichnete Küche mit Schwerpunkt auf fränkischen Spezialitäten. Auch köstliche Fischgerichte. Kuchen aus eigener Konditorei. Mittlere Preise. – *Ru = Di.*

● **Schorrmühle – Limmersdorf – Tannfeld** – 1¾ Stdn – Hinter der
Schorrmühle auf Radweg vorbei an Tennisanlage. Kurz danach
MA an Gabel ger, *[Rotmain-Radweg].* Unter Autobahn hindurch, Str
nach *Limmersdorf* überqueren und re auf dem Fuß/Radweg am
MW Ort vorbei. Nach dem Ort Rechtsbogen. Fahrstr mit *[Grünem
Ring]* li. An nächster Gabel halb re bis vor den Weiler *Forstleit-*
OM *hen.* Am *Ortsschild ohne Markierung* auf befestigtem Feldweg re
am Ort vorbei. Nach dem Flieger-Gedenkstein in Rechtsbogen nach *Limmersdorf.* Im Dorf nach Linkskurve *Oberes Dorf,* li Ri *Schönfeld, Alladorf.* Am Ortsende nicht der Rechtskurve der Str folgen, sondern halb li auf befestigtem Weg aus dem Dorf hinaus. Ca. 100 m nach Ruhebank Gabel halb re. Durch Wiesen an Stromleitung entlang. Auf Höhe eines Bauernhofes vorbei an kleiner Holzhütte in den Wald. Weiter entlang der Stromleitung aufw durch den Wald bis zur Str nach *Tannfeld.* An der Str entlang li aufw bis zu den *Kleetzhöfen.* Hier kurz li und auf Feldweg
MA gleich wieder re, später mit *[Rotem Strich].* Auf Panoramaweg
nach *Tannfeld zum*

● **Gasthaus-Metzgerei zur Eiche** – Typischer fränkischer Landgasthof im rustikalen Stil. Die Küche bringt frisch und sorgfältig zubereitete Fleischspezialitäten aus der eigenen Metzgerei auf den Tisch. Auch die herrlichen fränkischen Brotzeiten mit den selbst hergestellten Wurstwaren sind ein echter Genuss. Unteres Preisniveau. – *Ru = Mi ab 13 Uhr.*

● **Tannfeld – Berndorf – Thurnau** – 2 Stdn – Von der *„Eiche“* aus
dem Ort hinaus zur Str nach *Thurnau.* Str überqueren und wei-
OM ter *ohne Markierung* auf landwirtschaftlichem Weg. An Gabel
nach den Scheunen halb re. Nach 5 Min Gabel ger, später mit
MA *[Rotem Dreieck].* An Gabel auf freiem Feld auf asphaltiertem
OM Weg *ohne Markierung* li Ri Funkmast. Nach dem Sendemast ein

oben: *Kasendorf*
unten: *Schloss Thurnau mit Schlossweiher*

oben: *Lichtenfels, Marktplatz mit Rathaus*
unten: *Freizeitbad „Aquarena“ des Marktes Zapfendorf*

oben: *Hankirche bei Ebensfeld*
unten: *Marktplatz in Burgkunstadt*

oben: *Wanderer vor dem Kloster Banz*
unten: *Rathaus in Staffelstein*

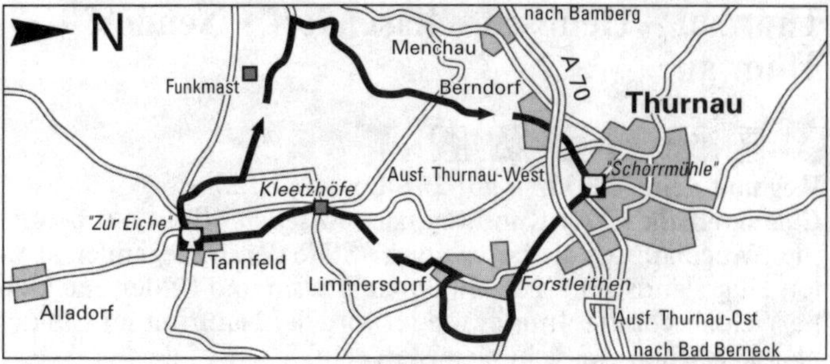

Stück am Waldrand entlang. Vor langgezogener Linkskurve auf Höhe des Schildes *[Durchfahrt verboten]* am Waldrand scharf re (!). Ger in den Wald, Querweg re mit *[Gelbem Strich]*. Nächste Gabel li, Querweg am Waldrand halb re. Gabel vor grünem Hinweisschild des Revierbetreuers halb li. Herrliche Aussicht! Mit *[Rotem und Gelbem Strich]* ger abw durch den Wald. In *Berndorf* am Bach entlang. Querstr nach der Kirche ger überqueren und auf Fußweg weiter am Bach entlang. Unter der Autobahn hindurch, vorbei an der *Wiesmühle*. Fahrstr ger überqueren und vorbei am Sportplatz zurück zur *Schorrmühle*. *MA*

Thurnau – Heubsch – Kasendorf – Neudorf – Thurnau

Weg und Zeit – 10½ km – gut 2½ Stdn.
Charakteristik – Der Rundweg nach *Kasendorf* führt auf bequemen Wegen durch die beschauliche Stille der umliegenden sanften Hügellandschaft. Es geht durch Wiesen und Felder und kleine Waldabschnitte. Immer wieder wird der Naturfreund von der phantastischen Aussicht begeistert sein.
Anfahrt – A 70, *Bamberg–Bayreuth*, Ausfahrt *Thurnau-West*.
Parken – Gäste-P beim *Gasthof Kirschner*, öffentliche Parkplätze in den umliegenden Straßen oder großer Wander-P in der *Jägerstr* (s.u.).

● **Thurnau** (363 m) – Am Anfang oder Ende der Wanderung sollte ein Stadtrundgang durch das überaus malerische *Thurnau* stehen. Selten finden sich in einem Ort vergleichbarer Größe so viele architektonisch reizvolle Ansichten dicht beieinander. Das gemächliche Schlendern durch die idyllischen Straßen und Gassen, durch Winkel und Höfe ist wohltuend und lädt ein zum Verweilen und Schauen. Überall spiegelt sich Vergangenheit. Maler und Dichter haben die Schönheiten *Thurnaus* gerühmt (siehe auch Ortsbeschreibung S. 98).

● **Gasthof-Metzgerei Kirschner** – Ein zentral gelegenes Haus mit komfortablen Gästezimmern und gemütlichen Gasträumen. Gutbürgerliche fränkische Küche mit frischen Fleischspezialitäten aus der hauseigenen Metzgerei. Lamm- und Geflügel aus eigener Zucht, Wild aus eigener Jagd. Alles sehr phantasievoll und schmackhaft zubereitet. Untere Preise. – *Ru = Mi.*

● **Thurnau – Heubsch – Kasendorf** – gut 1¼ Stdn – Vom *Gasthaus Kirschner Bahnhofstr* abw, am *Marktplatz Jägerstr* li Ri *Kulmbach.* Vorbei an gr Wander-P, *Kulmbacher Str* re. Nächste Abzweigung li Ri Golfplatz, *Ww [Radweg Kasendorf].* Auf wenig befahrener Fahrstr über Wiesen und Felder mit schöner Sicht bis in die kleine Ortschaft *Heubsch.* Im Ort Querstr li. Nächste Gabelung re. Nicht der Rechtskurve der Str folgen, sondern auf Radweg ger aus dem Ort hinaus. Auf asphaltiertem Weg bis nach *Kasendorf. Industriestr* ger, *Kirchstr* halb li. Am *Marktplatz* wohlverdiente Einkehr im

● **Hotel-Gasthof-Metzgerei Friedrich** – Ein gemütlicher Landgasthof mit behaglichen Komfortzimmern und rustikalen Gasträumen. Gutbürgerliche Küche mit sorgfältig zubereiteten regionalen Spezialitäten aus eigener Schlachtung. Zarte Steaks, saftige Braten, köstliche Schnitzel. Auch leckere Lamm- und Fischgerichte. Deftige Brotzeiten. Untere Preise. – *Ru = So ab 14 Uhr.*

● **Kasendorf – Neudorf – Thurnau** – knapp 1¼ Stdn – *Bamberger*
MA *Str* Ri *Azendorf. Friesenmühlweg* li. An Gabelung mit *[Blau-*

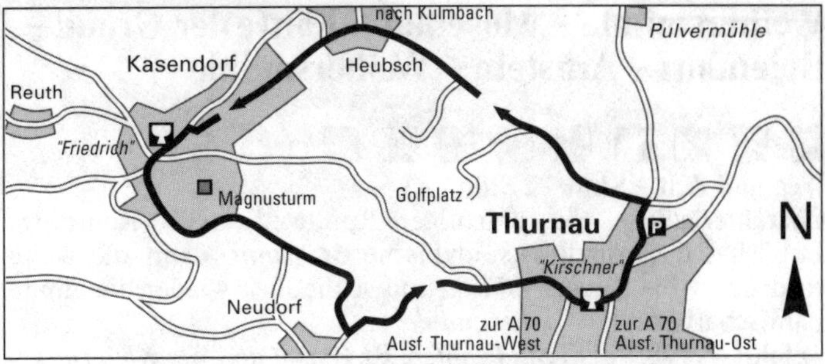

Weiß], *[Fritz-Hornschuch Naturpfad]* li. Nächste Gabelung re Ri *Magnusturm*. Nach kurzer Zeit geht es durch ein herrliches Wiesental. Gabelung bei Schild *[Ringwall Turmberg]* halb re. Durch herrliche Wiesen- und Waldlandschaft. Nach ca. 15 Min an Gabelung ger aufw. In langgezogenem Rechtsbogen bis vor den kleinen Weiler *Neudorf.* Am Ortseingang scharf li auf Feldweg, nach 200 m am Telefonmast Markierung *[Roter Strich]*. An Gabelung vor Wald halb li abw. Gut ausgeschildert abw durch den Wald bis zur Str *Kasendorf – Thurnau*. An dieser Str re nach *Thurnau* hinein. *Kasendorfer Str* ger, *Bahnhofstr* li zurück zum Ausgangspunkt. *MW*

Weihersmühle - Mosental - Kött(e)ler Grund - Bojendorf - Arnstein - Weihersmühle

Weg und Zeit - 8 km - 2 Stdn.

Charakteristik - Ein prächtiger Rundweg voller Kontraste: Zunächst das romantisch-idyllische *Mosental,* dann die weite eindrucksvolle *Jurahochfläche* und schließlich wieder die alpine Landschaft bei der *Weihersmühle.*

Anfahrt - A 70, Ausf. *Stadelhofen,* Ri *Weismain* über *Kleinziegenfeld.* - B 289, Abf. *Burgkunstadt,* über *Altenkunstadt - Weismain* Ri *Kleinziegenfeld* ins *Kleinziegenfelder Tal.*

Parken - Gr P beim *Gasthof-Pension „Forelle".*

● **Weihersmühle/Gasthof-Pension „Forelle"** - Romantisch inmitten einer gewaltigen Dolomitfelslandschaft an der forellenreichen, glasklaren *Weismain* zwischen steilen Wacholderheidehängen und rauschenden Wäldern. Die *Weyhersmül* an der ehem. Handelsstraße von *Bamberg* nach *Thüringen* war die Einkehr der Fuhrleute. 1754 Brau- und Schankgerechtigkeit durch den *Bamberger Fürstbischof Franz Conrad von Stadion.* Das Wirtshaus selbst stammt bereits aus dem 15. Jh., als Nebengebäude der *Mühle* von 1356, seit 1798 im Besitz der *Familie Tremel.* Heute ist die *„Forelle"* ein sympathisch geführtes, renommiertes Haus mit Komfortzimmern, rustikal-gemütlichen Gasträumen, Terrasse u. Biergarten. Wohltuende Atmosphäre. Hervorragende fränkische Küche. Offizielle Auszeichnung für Fischgerichte. Köstlicher Lammbraten. Wildspezialitäten. 30 Brotzeit-Variationen. 25 offene Weine. Untere bis mittl. Preise. - *Kein Ru.*

MA ● **Der Rundweg** - Von der *„Forelle"* mit *[Rotem Kreuz]* an der *Weismain* entlang, Ri *Kleinziegenfeld* (Fußsteig neben der Str). Brücke re, *Ww [Mosenberg],* jetzt auch *LM [5 u. 6].* Nach 50 m vorgeschichtl. *Hügelgrab* (um 700 v. Chr.). *NSG.* Unter mächtigen Felsen und Wacholderheidehängen leicht aufw. An Kurve Wegabzweig **(!)** halb li **(!)**, im romantisch-idyllischen *Mosental* eben weiter, auch *[Rundweg Köttler Grund/Symbol auf Gelb].* Re oben *ND Rauhenstein.* An einem Querwegbogen mit der *[5]* li ab. Hier mögliche

● **Wegerweiterung** - Mit *[Rotem Kreuz]* ger weiter, noch 1 km im *Köttler Grund,* dann Wegbogen li, *unmarkiert,* ca. 150 m, dann wieder li und zurück zum *[Rundweg 5].* - ½ Std mehr.

● **Fortsetzung Rundweg** - Leicht aufw, hübsches Waldtal. Alte Linde (re). Auf der Höhe Waldaustritt. Ger **(!)**, dann Linksbogen nach *Bojendorf.* Li zum *Dorfkirchlein.* Hauptstr weiter. Kurz vor Ortsende li ab, breiten Weg über offenes Feld, leicht aufw zu einer Baumgruppe zwischen zwei Waldstücken. Etwas abw, befestigten Weg überqueren und ger **(!)**. In flachem Links-

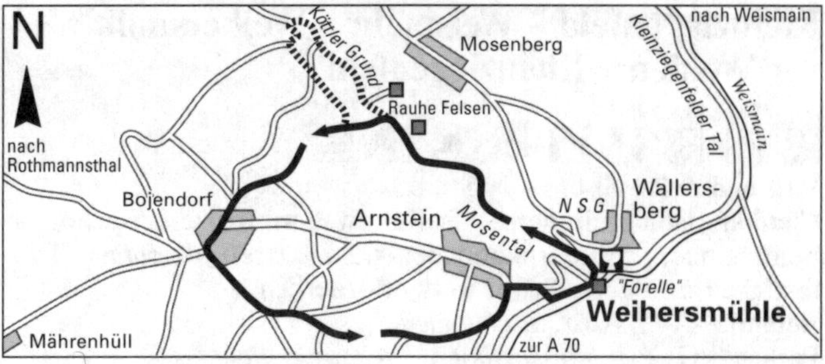

bogen vorbei (!) an Rechtsabzweig und zum Waldrand. Daran entlang, Weg beibehalten. Herrliche Rundumsicht! Halb li der Kirchturm von *Arnstein.* Schmale Str li ab. Später an Linksbogen befestigten, *unmarkierten* Landwirtschaftsweg ger (!). Er führt direkt zur Fahrstr am Ende von *Arnstein* und wieder zur *LM [5].* – Ein Abstecher zur *Kirche* lohnt sich. – Str re abw. Nach *LSG-Schild* Weg halb re abw. Die Landschaft nimmt wieder alpinen Charakter an, mit Felsen, Wacholderheide, Passstraße, und Panorama *Kleinziegenfelder Tal.* An der Talstr li und mit beeindruckendem Blick auf die mächtigen Felswände noch 200 m bis zur zünftigen Einkehr in der *„Forelle“.*

Kleinziegenfeld - Weismain - Weihersmühle - vor Weiden - Kleinziegenfeld

Weg und Zeit - 8½ km - 2½ Stdn.
Charakteristik - Ein herrlicher Rundweg mit Felsen, Wacholderheidehängen, Wäldern und der kristallklaren *Weismain.* Trittfestigkeit und gutes Schuhwerk erforderlich.
Anfahrt - A 70, Ausf. *Stadelhofen.*
Parken - Gr P beim *Gasthof-Gästehaus Zöllner.*

● **Gasthof-Gästehaus Zöllner** - Ruhiges separates Gästehaus, behagliche Komfortzimmer. Rustikale Gasträume. Gemütliche Atmosphäre. Gutbürgerl. Küche, u. a. fünf Gerichte vom *Juralamm,* große Fischkarte. Hausmacher Spezialitäten. Zünftige Brotzeiten. - Untere bis mittl. Preise. - *Ru = Mi.*

● **Der Rundweg** - Vom *Gasthof-Gästehaus Zöllner* die Str 2191, vorbei am *Schloss* (1571), abw bis zur Treppe. Re abw zur **Weis-**
MA **main-Quelle**. Str li, Beginn der *LM [4].* Vor Straßeneinmündung in die St 2191 re **(!)** über die *Weismain,* 100 m li, dann Pfädchen halb aufw und am Hang oberhalb des Baches entlang. Neben der *Weismain* vorbei an der *Schwarzmühle,* auch *[Rotes Kreuz].* Breiten Querweg kurz li, dann wieder re, Wiesenweg mit Blick auf die *Rote Wand.* Dann prächtiger Waldweg neben Bach unterhalb der Steilabbrüche von *Roter Wand* und *Rolandfelsen.* Später passiert man die Abstürze des *Hainfelsens.* Zwei Stege über den Bachkanal. Enger Pfad. Über die Wiese zu Querweg. Li zur **Weihersmühle** (re = Rückweg). Von der *Weihersmühle* die St 2191 überqueren, *LM [4].* Waldweg aufw, *Ww [Kleinziegenfeld].* Es folgt ein wildromantischer Abschnitt mit Felswänden und Höhlen. Auf der *Jurahöhe* beim Bildstock Feldweg re (li drüben *Weiden*), bis vor *Kleinziegenfeld,* Ortsteil *Hühnerberg.* - (Ungeübte folgen hier besser der Fahrstr nach li.) - Ger in den OT *Hühnerberg* hinein. Gegenüber Haus Nr. 21 Pfad **(!)** li **(!)** abw, Serpentine re **(!)**. Pfad zur Sitzbank. Ausblick! Im Wachol-

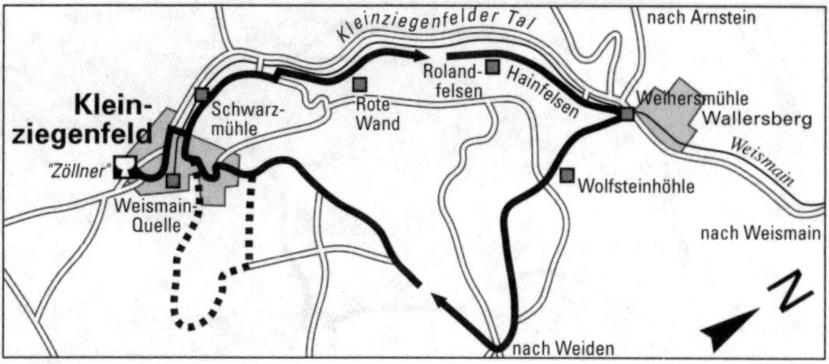

derheidehang weiter Ri *Claudiusfelsen mit Radfahrer* (Wahrzeichen von *Kleinziegenfeld).* Vor der Felsenscharte Serpentine li, abw zur Str. - (Man kann auch - leichter! - von der Hangmitte aus den Pfad li abw zum Weggeländer nehmen.) - Str re zur *Weismain-Quelle.* Dahinter halb li Treppe aufw zur St 2191 und auf bekanntem Weg zurück.

Wattendorf - Kemitzenstein - Kümmersreuth - Roßdach - Wattendorf

Weg und Zeit - 10 km - 2½ Stdn.
Charakteristik - Außer einem steilen Anstieg auf dem Rückweg ist diese beschauliche Wanderung sehr bequem und erholsam. Sie führt den Wanderer überwiegend durch Felder und kürzere Waldstücke mit teilweise herrlicher Aussicht.
Anfahrt - A 70, Ausf. *Scheßlitz* oder *Roßdorf.* - B 173 *Bamberg - Lichtenfels,* Abfahrt *Staffelstein,* über *Frauendorf - Schwabthal.*
Parken - Gr Wander-P unterhalb von *Wattendorf* an gr Kreuzung. - P nahe beim *Brauerei-Gasthof Hübner.*
● **Brauerei-Gasthof Hübner** - Eine sehr gemütliche, rustikale Dorfgaststätte mit Biergarten. In ungezwungener, familiärer At-

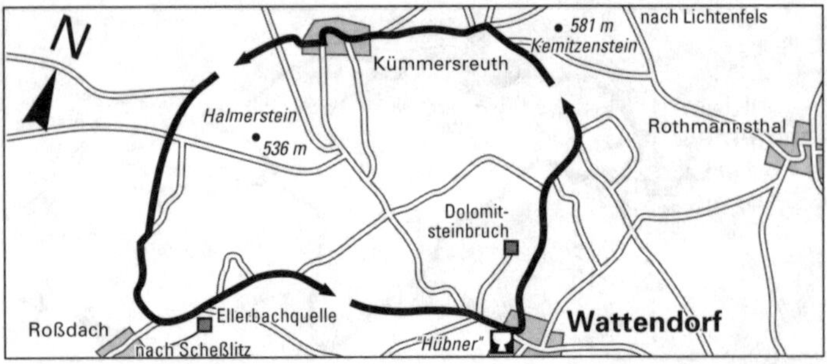

mosphäre werden dem Gast herzhafte fränkische Gerichte und deftige Vesper aus eigener Tieraufzucht und Hausschlachtung serviert. Dazu gibt es die herrlich frischen Biere aus der eigenen Privatbrauerei. Mittlere Preise. – *Ru = Mi.*

OM ● **Der Rundweg** – Vom Wander-Ⓟ *ohne Markierung* entlang der
Str aufw nach *Wattendorf.* Beim Ortsschild li abbiegen. An der
nächsten Abzweigung wieder li auf Feldweg mit 2 Betonspuren
in ein waldumrandetes Tal. In langer Linkskurve bei Hochsitz
OM *ohne Markierung* re auf Feldweg aufw bis zu gr Kreuzung am
MA Waldrand. Hier mit *LM [3]* li auf befestigtem Weg immer ger,
[Gorkum-Rundweg]. – In langgezogener Linkskurve lohnender
Abstecher re zum **Kemitzenstein** (581 m). Nach 200 m erschließt
sich dem Wanderer ein idyllisches Tal mit bizarren Kalkfelsen. –
MW Weiter auf gepflastertem Weg bis **Kümmersreuth**. Auf *Südweg*
[S] durch die Ortschaft hindurch u. nach einer Linkskurve auf
MW dem *Südweg [S]* re mit *[Rotem Strich]* Ri *Roßdach, Ww.* Es folgt
ein bequemes Teilstück auf befestigtem Weg mit herrlicher Aus-
OM sicht und Abstieg bis zum Ortsrand von **Roßdach**. Im Tal li *ohne*
Markierung an der Str entlang. Nach 200 m li auf gepflastertem
Weg parallel zur Str. Achtung: Jetzt immer ger. Der Weg führt
steil aufw über einen wunderschönen Heidehang (einmalige
Aussicht!). Oben geht ein breiter Weg re in ca. 20 Min zurück
zum Ausgangspunkt.

Schwabthal/Staffelstein – Uetzing – Tiefenthal – Schwabthal

Weg und Zeit – 10 km – 2½ Stdn.
Charakteristik – Wanderung durch die ganze Vielfalt der Naturschönheiten am nördlichen Rand der *Fränkischen Schweiz.* Teilweise herrliche Aussicht. Auf dem Rückweg Abstieg durch eine wilde Felsenschlucht (festes Schuhwerk erforderlich!).
Anfahrt – Von *Bamberg* B 173 Ri *Lichtenfels (-Hof),* Ausfahrt *Staffelstein.* Von dort Ri *Schwabthal.*

Parken – Gr Wander-P am Ortseingang von *Schwabthal* oder vor dem *Gasthof-Pension „Zum Löwen“*.

● **Gasthof-Pension „Zum Löwen“** – Rustikales Haus in ruhiger Lage mit gemütlichen Gasträumen und Terrasse. Weithin bekannte, phantasievolle Küche. Köstliche Wild-, Lamm-, Fisch-, Geflügel- und Vollwertgerichte. Eigene Schlachtung. Tageskarte. Untere bis mittlere Preise. Komfortable, großzügige Gästezimmer. Lift. – *Kein Ru.*

● **Der Rundweg** – Am Ortseingang mit *Lokalmarkierung [3]* Ri *MA*
Uetzing, Ww, aufw. Beim Gedenkstein für die *Nothelfer* li. Der
Weg führt durch Wiesen und Felder mit herrlichem Ausblick. In
Uetzing *(Kath. Pfarrkirche St. Johannes d. T.,* 14.–17. Jh., *Würzbur-*
ger Urpfarrei) an der Durchgangsstr *ohne Markierung* re. Nach *OM*
300 m hinter der *Büttnerei Weis* re *ohne Markierung* Ri *Schützen-* *OM*
haus (Ww). Auf diesem Waldweg jetzt immer ger aufw. Es geht
durch lichten Wald, immer wieder unterbrochen von saftigen
Wiesen. Nach ca. 45 Min bei Kreuzung ger auf *Südweg [S]* mit *MA*
[Rotem Strich]. Achtung: 10 Min nach dieser Kreuzung auf sehr
schmalem Pfad re Ri *Tiefenthalschlucht/Kurklinik (Ww).* Über
z. T. steile Felsentreppen und rutschigen Boden durch die enge,
urzeitliche **Tiefenthalschlucht** mit gewaltigen Felsen. Bei Gabe-
lung li vom Bachbett halten und in ca. 20 Min, vorbei an der
Kurklinik Lautergrund, zurück nach *Schwabthal.*

Arnstein – Weihersmühle – Kleinziegenfeld – Großziegenfeld – Arnstein

Weg und Zeit – 10 km – 2½ Stdn.
Charakteristik – Diese abwechslungsreiche Wanderung wird den Naturfreund begeistern. Sie führt ihn von einer Naturschönheit zur anderen, durch Wiesen und Felder, romantische Felsschluchten und über wacholderbewachsene Heide.
Anfahrt – A 70, Ausf. *Stadelhofen,* St 2191 Ri *Weismain* über *Kleinziegenfeld.* Kurz vor *Weihersmühle* Abzweigung li aufw.
Parken – P vor dem *Gasthof Frankenhöhe.*
● **Arnstein** – Schöne Lage auf der *Jurahöhe. – Kath. Nikolauskirche,* barocke Landkirche, erb. um 1732 nach einem Entwurf des bischöflichen Baubüros von *Balthasar Neumann.*
● **Gasthof Frankenhöhe** – Ein sehr ruhig gelegener Landgasthof mit urgemütlichen Gasträumen, Terrasse und Biergarten. Behagliche, komfortable Gästezimmer. Familiäre Atmosphäre. Gutbürgerliche Küche. Sehr schmackhaft zubereitete fränkische und überregionale Spezialitäten. Eigene Hausschlachtung. Bier vom Fass, offene Weine. Sehr günstige Preise. – *Ru = Mo.*
● **Arnstein – Weihersmühle – Kleinziegenfeld** – 6 km – Vom P vor dem *Landgasthof Frankenhöhe* mit *LM [5]* abw ins *Kleinziegenfelder Tal.* Unten an der Str li bis zur *Weihersmühle.* Gleich hinter der Scheune re mit *LM [4].* Der Weg führt durch ein wildromantisches Tal mit großen moosbewachsenen Felsen leicht aufw. Oben aus dem Wald heraus und ger weiter bis kurz vor die Ortschaft *Weiden.* Jetzt re mit *LM [4]* bis *Kleinziegenfeld, OT Hühnerberg.* – (Bei schlechtem Wetter oder für ungeübte Wanderer ist es ratsam, der Fahrstr nach li hinunter ins Tal zu folgen, s. auch S. 113.) Der Abstieg über die Wacholderheide mit den zahlreichen herausragenden Felsen, *LM [4],* ist ein wirklich beeindruckendes Naturerlebnis. Der Weg führt re am Hang entlang bis hinunter in das idyllische Tal nach *Kleinziegenfeld.* Unten im Ort li und bei Spielplatz re aufw zum *Schloss-Campingplatz* und zur Einkehr in der *Campingplatz-Gaststätte.*
● **Schloss-Campingplatz-Gaststätte** – Eine urgemütliche Gaststätte mit ungezwungener Campingplatz-Atmosphäre direkt neben dem Schloss Kleinziegenfeld. Sorgfältig zubereitete gutbürgerliche Küche. Hausspezialität sind die fangfrischen Forellen aus eigener Zucht und die hausgemachte Pizza in verschiedenen köstlichen Variationen. Untere Preise. – *ÖZ: Mo–Fr ab 17 Uhr, Sa ab 14 Uhr, So u. Fei ab 11 Uhr. Ru = Do. – Campingplatz ganzjährig geöffnet.*
● **Kleinziegenfeld – Großziegenfeld – Arnstein** – 4 km – Zurück in
MA den Ort und mit *LM [4]* entlang der *Weismain* bis zur *Schwarz-*
MW *mühle.* Hier die *[4]* verlassen und bei der kl Kapelle mit *[Rotem*

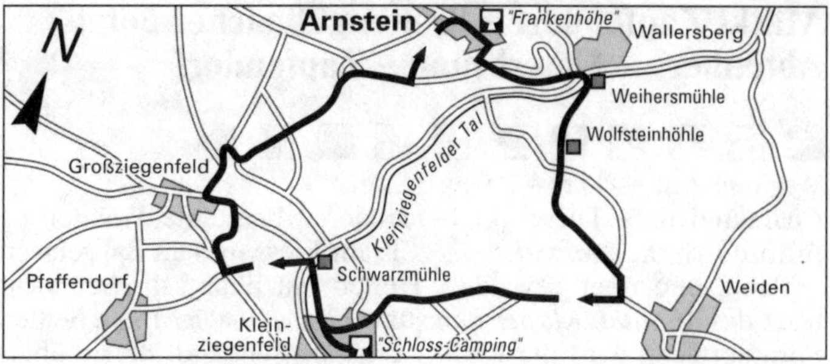

Kreuz] an der Str nach *Großziegenfeld* aufw. Nach dem Ortsschild halb li mit *[Rotem Kreuz]* durch eine Schlucht mit gewaltigen Felsen aufw. Sobald der Weg oben aus dem Wald heraustritt, *ohne Markierung* re über Wiesenweg. Der Weg führt durch ein kurzes Waldstück bis nach *Großziegenfeld*. Hier am Ortseingang re *ohne Markierung* auf schmaler, wenig befahrener Str in *OM*
ca. 45 Min zurück zum Ausgangspunkt.

Markt Zapfendorf – Breitengüßbacher Forst – Abtenberg – Unterbrunn – Zapfendorf

Weg und Zeit – 11 km – knapp 3 Stdn.

Charakteristik – Diese gut beschilderte, bequeme Wanderung führt durch die *Maintalebene,* z. T. am Fluss und an Baggerseen entlang, und über bewaldete Höhen mit phantastischer Sicht über das *Maintal, Kloster Banz* und *Vierzehnheiligen.* An heißen Sommertagen wird die Route etwas anstrengend, da sie überwiegend durch freies Gelände ohne Schatten führt.

Anfahrt – Von *Bamberg* B 173 Ri *Lichtenfels,* Ausfahrt *Zapfendorf.* – Von *Bayreuth* A 70 über *Scheßlitz* nach *Zapfendorf.*

Parken – Auf Ⓟ in der Ortschaft oder direkt hinter der *Mainbrücke* re bei den Kleingärten.

● **Markt Zapfendorf** (248–370 m) – Kleine Gemeinde mit ca. 5000 Einwohnern, bestehend aus 10 Gemeindeteilen, am *Obermain* gelegen. *Zapfendorf* wurde 904 erstmals urkundlich erwähnt. Marktrecht seit 1965. *Kath. Pfarrkirche St. Peter und Paul,* 18. Jh., nach Zerstörung 1945 moderner Wiederaufbau. Sehenswürdigkeiten im Gemeindeteil *Unterleiterbach:* Die *Valentinskapelle* (1738–1740), auch „Klein-Vierzehnheiligen" genannt, mit verblüffenden Malereien von *Marchini. Kath. Kirche St. Maria Magdalena,* 15. Jh., Ausstattung 16.–18. Jh. Das *Schloss Unterleiterbach,* erb. 1739 von *Dientzenhofer.* – Im Gemeindeteil *Oberleiterbach:* Das Grab des Einsiedlers *Ivo Hennemann* (1824–1900) neben der Sandsteinkirche *St. Laurentius.* – Ehemaliges *Schloss* und heutige *Abtei* in *Kirchschletten.* – Wandern, Angeln, Tennis spielen und Reiten sind die Hauptfreizeitbeschäftigungen der Touristen, die *Zapfendorf* besuchen. Ein großes beheiztes Freizeitbad mit Riesenrutsche, Wärmehalle, Dampfbädern und Spielflächen bietet insbesondere Familien mit Kindern noch mehr Freizeitspaß.

● **Der Rundweg** – Die gesamte Wanderung ist vom örtlichen
MA Wanderverein mit der *LM [4]* gekennzeichnet. Man überquert den *Main* auf der Str nach *Rattelsdorf.* Gleich hinter der *Mainbrücke* beginnt der Rundweg mit der *LM [4].* Nach ca. 300 m an der Str entlang re auf befestigten Fahrweg. Nach 10 Min li auf Feldweg vor bis zur Str nach *Oberbrunn.* Hier ca. 200 m re an der Str entlang. Dann mit der *LM [4]* li und nach 100 m halb re aufw. Der Weg schlängelt sich durch Felder in mehreren Kurven bis zum Waldrand. Auf schmalem Pfad ger in den Wald hinein, dann auf breitem Waldweg re. Bei gr Waldkreuzung ger, vorbei an Schutzhütte. Jetzt immer leicht aufw auf breitem Waldweg durch den **Breitengüßbacher Forst** um den **Abtenberg** herum.
MW Oben folgt die Route dem *[Mainwanderweg/Blaues M].* Sobald er aus dem Wald herausführt, genießt der Wanderer eine herr-

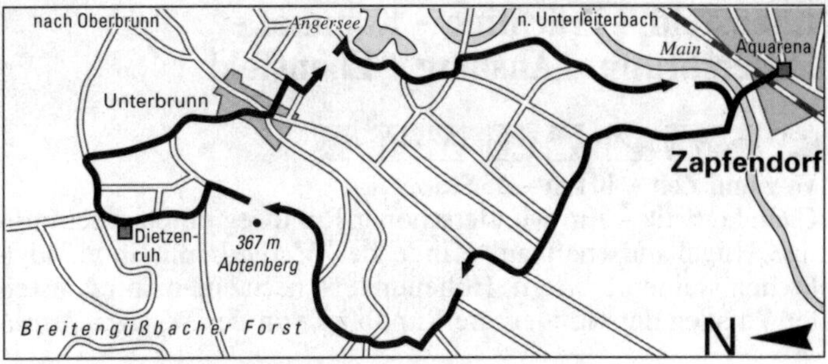

liche Aussicht auf das *Maintal* mit dem *Staffelberg,* dem *Kloster Banz* und der *Wallfahrtsbasilika Vierzehnheiligen.* Bei der Gedenkstätte für *Bischof Dietz* aus *Fulda* steht eine Ruhebank, von der aus man den wunderbaren Ausblick genießen kann. Hier re mit *LM [4]* über das freie Feld. Nach 300 m wieder re durch den *MW* Wald leicht abw bis zur Ortschaft **Unterbrunn**. Hier vor bis zur Durchgangsstr. Str überqueren und mit der *LM [4]* auf *Drei-Baum-Weg* weiter in die *Maintalebene.* Die Route führt jetzt auf ebenen befestigten Wegen vorbei an einem Campingplatz und z. T. am Fluss entlang in ca. 1 Std zurück nach *Zapfendorf.*

● **Weitere Rundwanderwege** – *Zapfendorf* ist Ausgangspunkt für zahlreiche Wanderwege, die alle *gut markiert* sind.

Rundweg 1: Über *Unter- u. Oberleiterbach* mit lohnenden Sehenswürdigkeiten nach *Kirchschletten.* Der Rückweg nach *Zapfendorf* geht über *Sassendorf* (16 km - 4 Stdn).

Rundweg 2: Von der *Mainbrücke* u. der Str nach *Rattelsdorf* nach li zu den *Ebinger Seen.* Dann weiter über den *Hängberg* nach *Sassendorf* und über *Lauf* zurück nach *Zapfendorf* (14 km - 3½ Stdn).

Rundweg 3: Über *Unterleiterbach* und *Reuthlos* zurück nach *Zapfendorf* (7 km - knapp 2 Stdn).

Ebensfeld – Prächting – Kümmel – Dittersbrunn – Ansberg – Ebensfeld

Weg und Zeit – 10 km – 2½ Stdn.

Charakteristik – Ein wunderschöner Rundweg durch die anmutige Hügellandschaft am Rande des *Maintals* mit ihren idyllischen kleinen Dörfern. Höhepunkt ist nach einem kurzen steilen Anstieg der wunderbare Rundblick von der *St.-Veits- Kapelle.*

Anfahrt – B 173 *Bamberg – Lichtenfels,* Ausfahrt *Ebensfeld.*

Parken – Gäste-P beim *Engelhardt's Keller* und beim *Landgasthof Hummel.*

● **Markt Ebensfeld** (352 m) – Alter Marktflecken, erstmals 750 urkundlich erwähnt, Marktrecht seit 1426. Sehenswürdigkeiten: *Ansberg* mit *St.-Veits-Kapelle* und dem größten geschlossenen Lindenkranz Europas. *Kath. Pfarrkirche St. Mariä Verkündigung,* 17. Jh., mit schönen Altären. Im Ortsteil *Prächting* die schön gelegene barocke *Hankirche.*

● **Gastwirtschaft am Engelhardt's Keller** – Sehr beliebte Ausflugsgaststätte mit gemütlichen Gasträumen, zünftigem Biergarten und komfortablen Gästezimmern. Gepflegte, familiäre Atmosphäre. Gutbürgerliche Küche mit großer Auswahl an sorgfältig zubereiteten fränkischen und internationalen Spezialitäten. Herzhafte Brotzeiten. Mittlere Preise. – *Ru = Di.*

MA ● **Der Rundweg** – Vom *Engelhardt's Keller* auf Radweg mit *[8]*
MW durch die Felder Ri B 173. Vor Bach mit *[9]* re, unter der B 173 hindurch. Immer am *Kellbach* entlang bis in die kleine Ortschaft **Prächting**. An der *Hankirche* vorbei in den Ort. Im Ort Gabelung li, vor bis zur Durchgangsstr. Hier stoßen die Wanderer vom *Landgasthof Hummel* (Ortsausgang Ri *Ebensfeld)* hinzu. Weiter
MW geht es auf der Durchgangsstr Ri *Schesslitz. Holzweg* mit *[Noten-*
MW *schlüssel]* li aufw. Am Waldrand re. Jetzt mit *[12]* am Waldrand entlang und später in den Wald. Unten am *Kümmelbach* mit *[8]* li. Am Ende des *Kümmelbachtals* liegt die idyllische Ortschaft **Kümmel**. Hier bei der Kapelle mit *[8, 12]* li aufw. Am Ortsrand li, *[Veitsbergweg], Ww [Dittersbrunn].* Es geht jetzt leicht aufw über schöne Streuobstwiesen und durch ein kurzes Waldstück bis nach **Dittersbrunn**. Im Ort re aufw, *[Veitsbergweg].* Über kleine Treppe und schmalen Pfad ger aufw. Oben auf breitem Weg mit *[7, 8]* li. Herrliche Aussicht über das weite hügelige Land mit seinen bäuerlichen Weilern und Einzelhöfen. Bei der *St.-Veits-Kapelle*, die auf dem **Ansberg** von einem mächtigen Lindenkranz umgeben ist, sollte der Wanderer verweilen. Die Ruhe an diesem Ort, der Einklang der äußerlich schlichten Sandsteinarchitektur mit der Natur, und der einmalige Ausblick bis weit ins *Maintal* werden den Naturfreund begeistern. Hinter der

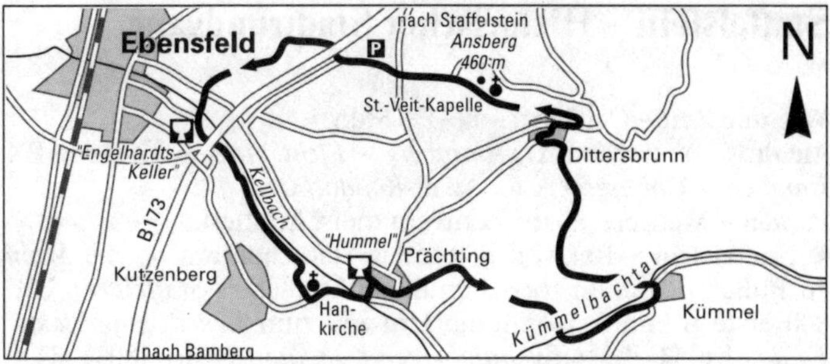

Kapelle mit *[7, 8]* steil abw. Nach Waldende vorbei an Wander-P, im Tal unter der B 173 hindurch. Nach dem großen Strommast Feldweg li. Autostr ger überqueren und zurück zum *Engelhardt's Keller.* Die Wanderer aus *Prächting* kehren hier li wie oben beschrieben zurück zum

● **Landgasthof Hummel** – Urgemütlicher Gasthof mit rustikalen Gasträumen und großem, schattigem Biergarten. Gutbürgerliche Küche mit Schwerpunkt auf herzhaften fränkischen Speisen. Auch variationsreiche Fisch- und Wildgerichte, deftige Brotzeiten aus hauseigener Schlachtung. Großzügige Komfortzimmer. Mittlere Preise. – *Ru = Mo.*

Staffelstein – Historischer Stadtrundgang

Weg und Zeit – Ca. 2 km – 1 (–1½) Stdn.
Anfahrt – Von der B 173 *Bamberg – Lichtenfels.* – Von der B 4 *Bamberg – Coburg.* – A 70, Ausf. *Roßdorf* u. a.
Parken – Mehrere Ⓟ, im Zentrum meist limitiert.

● **Staffelstein** – Reizvoll gelegenes Städtchen am *oberen Main* zu Füßen des prähistorischen Siedlungsplatzes *Staffelberg.* Um 800 erste urkundl. Nennung. Um 850 zum *Benediktinerkloster Fulda.* Im 11. Jh. zum *Bamberger Domkapitel* (bis 1803). 1130 Stadt- u. Marktrecht durch *Kaiser Lothar III.* 1422 Stadtbefestigung. 1473 Stadtbrand. 1492 Geburt von *Adam Ries(e),* späterer Rechenmeister und *„Churfürstlich Sächsischer Hofarithmeticus". 1633 „Blutfastnacht"* durch schwedische Truppen. 1684 verheerende Feuersbrunst mit totaler Einäscherung der Stadt. Danach Wiederaufbau in der heutigen Form. 1859 verherrlicht *Viktor von Scheffel* Stadt und Land mit seinem *Frankenlied* „Wohlauf die Luft geht frisch und rein…". 1975 Erschließung der *Thermalsolequelle* in einer Tiefe von 1600 m – mit einer Temperatur von 52 °C die wärmste eisen- und kohlensäurehaltige Sole in *Bayern.* 1986 Eröffnung der *Neuen Obermain Therme.* Bis 1994 laufende Erweiterungen. Ein beispielhaftes Erholungs- und Heilbad. Staatlich anerkannter Heilquellen-Kurbetrieb.

● **Der Rundgang durch die Adam-Riese-Stadt – 1) Rathaus** (1685–87). Spätgot. massiver Unterbau, darauf zwei prächtige vorkragende Fachwerkgeschosse. Hohes Satteldach, darauf ein Dachreiter mit Kuppelhaube, davor ein Zwerchhaus mit Uhr und Engelsfiguren. – **2) Marktplatz.** Umgeben von mehreren *schönen Bürgerhäusern* aus dem 17. Jh. mit üppigem Zierfachwerk über dem massiven Untergeschoss. *Marktbrunnen* (um 1730) mit der *Statue des Hl. Nepomuk,* in seiner Linken das *„Marktkreuz".* – **3) St.-Georgs-Kapelle** am *Kastenhof* 1413 genannt, Neubau 1728/29. (Schlüssel nachmittags im Haus Nr. 2 nebenan). – **4) Ehem. Amtshaus** des *Bamberger Domkapitels (Lichtenfelser Str 9).* Erb. 1717–20, prächtiges wappengeschmücktes Rundbogenportal. – Durch die *Bärengasse* zur **5) Kath. Stadtpfarrkirche St. Kilian.** Urspr. 13./14. Jh., erweitert im 15. Jh. zur spätgot. Basilika, um 1725 barockisiert, um 1870 purifiziert. Westfassade neugot. (1884/85). Typisch fränkischer *„Fünfknopfturm"* (Mittelspitze und vier Ecktürmchen) von 1515. Ausstattung 18. Jh. Außen: *Rittergrabmal* um 1360, *„Brandsäule"* von 1694. – **6) Stadt-Museum** mit sehenswerten Sammlungen. – Durch die *Kirchgasse* zur *Bahnhofstr,* diese li, an der Ecke eine schöne *Maria Immaculata,* 18. Jh. *Bamberger Str* re. – **7) St.-Anna-Kapelle,** 1456 erwähnt. Nach Brand wiederaufgeb. Hochaltar um 1760, schöne Muttergottes um 1470, Kruzifixus (außen) um 1615. –

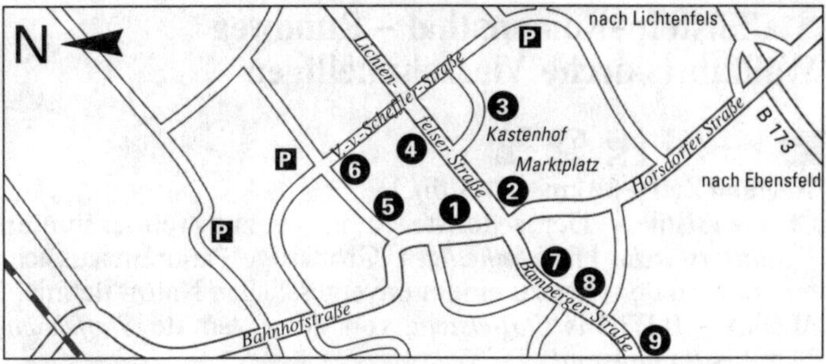

8) Stadtturm (Bamberger Torturm), 1422, obere Geschosse 1573, Dachhaube um 1760. – **9) Hl.-Kreuz-Kapelle,** 1677/78 (nur bei Andachten geöffnet).

Staffelstein – Rundweg Kloster Banz

Weg und Zeit – 14 km – 3½ Stdn.
Charakteristik – Großartiger Rundweg, geprägt von traumhaft schönen Ausblicken und gekrönt vom Erlebnis *Kloster Banz.*

● **Der Rundweg** – Von der Obermaintherme mit *[Blauem M* *MA*
/Mainweg] zur *Mainbrücke,* dahinter re, *Str Am Main.* Linksbogen, Gabelung halb li aufw, auch *[H auf Rot/Höhenweg].* Grasweg neben Buschreihe, 150 m nach uraltem *Bildstock* li über freies Feld. Auf flacher Kuppe Graspfad halb re **(!)**. Bei Erddeponie Str überqueren, halb re, erst außerhalb, dann innerhalb vom Waldrand aufw zum *AP Maintalblick* mit Sitzgruppe. Phantastische Aussicht: u. a. *Vierzehnheiligen, Staffelberg, Staffelstein, Dornig.* Aufw zum jenseitigen Waldrand. Ausblick! Abw zur Str und re aufw zum *Kloster Banz.*

● **Kloster Banz** – s. Seite 128.

● **Der Weiterweg** – *Mainwanderweg* weiter. Waldrand, Gabelung halb li. *Neptuntafel.* Wegespinne, Pfad halb li, auch *[Carlspfad].* Vor der Fahrstr *Carlspfad* **(!)** weiter, *[Blauer Punkt]*, *Ww.* Später breiter Grasweg re, nach 200 m Pfädchen **(!)** li **(!)**. Waldrand, Str überqueren, befestigter Weg ger. Vor *Altenbanz* scharf li, Rad-
weg Ri *Stadel [OM].* 150 m **(!)** nach Rechtsbogen Feldweg **(!)** li *OM*
(!) aufw. Waldrand re zum *[Blauen M-Weg].* Herrliches Panora- *MA*
ma. Später Rechtsknick abw, 1. **(!)** breiter **(!)** Weg *ohne Markie-* *OM*
rung li und ger **(!)**. Befestigt aufw **(!)**, Bogen, Wald, dort breiter Querweg. Auf ihm scharf li **(!)**, *ND Drei Reutel* (2 Eichen). Diesen Weg beibehalten! Tolle Ausblicke! Fahrstr überqueren, Feldweg ger **(!)**, Rand von *Unnersdorf*, Hohlweg, *Nedendorfer Str* li, *Kloster-Banz-Str* re, *Mainbrücke*, zurück wie Herweg.

Staffelstein-Romansthal – Rundweg Wallfahrtskirche Vierzehnheiligen

Weg und Zeit – 8½ km – 2¼ Stdn.

Charakteristik – Der schönste Rundweg zur weltberühmten *Wallfahrtskirche Vierzehnheiligen.* Großartige Panoramaaussichten machen den Weg zu einem unvergesslichen Naturerlebnis.

Anfahrt – B 173 bis *Staffelstein*, von der Ortsmitte *Staffelstein* 2 km bis *Romansthal.*

Parken – Gäste-P beim *Gasthof Zur Schönen Schnitterin.*

● **Romansthal – Vierzehnheiligen** – 1¼ Stdn – Von der *„Schönen Schnitterin“* in *Romansthal* aufw Ri *Staffelberg.* An Gabelung bei
MA Wander-P halb li mit *[Hase], Ww [Wolfsdorf].* Gabelung nach 10 Min halb li. Weiter auf Forstweg. An Gabelung nach insgesamt 30 Min li mit *Ww [Wolfsdorf].* Nach Waldende großartige Sicht auf *Vierzehnheiligen* und das *Maintal* mit *Kloster Banz.*
OM Kurz vor *Wolfsdorf ohne Markierung* scharf re Ri *Vierzehnheiligen.* Im Wald über Treppen ger aufw zur

● **Wallfahrtskirche Vierzehnheiligen** – 1445/46 erschienen einem Schüler des *Klosters Langheim* mehrmals das Jesuskind und die 14 Nothelfer. An dieser Stelle wurde zunächst ein Mahnkreuz, später eine Kapelle errichtet. Der Pilgerstrom veranlasste im 18. Jh. den *Bamberger Fürstbischof* und den Abt des *Klosters Langheim*, eine Basilika zu bauen. Sie entstand 1743–1772 nach den Plänen von *Balthasar Neumann* und gilt heute als dessen schönster Sakralbau. Herzstück des Innenraums, einer Symphonie in Licht und Farbe, ist der Gnadenaltar von *J. J. M. Küchel, J. M. Feichtmayr* und *F. G. Übelher*, 1767/68, eine der kunstvollsten Schöpfungen des Barock. Ebenfalls sehenswert die wunderschöne und phantasievoll gearbeitete Kanzel sowie der vergleichsweise einfache Hochaltar, beide von *J. M. Feichtmayr.* Reiche, in Gold, Ocker, und Blassblau gehaltene Stukkaturen von den *Gebr. Feichtmayr* und *J. G. Übelher* umrahmen die in zarten Farben ausgeführten Deckengemälde. – Die Namen der heiligen 14 Nothelfer: *Achatius, Ägidius, Christophorus, Cyriakus, Blasius, Dionysius, Erasmus, Eustachius, Georg, Pantaleon, Vitus, Barbara, Katharina, Margareta.* – 1897 verlieh *Papst Leo XIII.* der Wallfahrtskirche den Ehrentitel *„Päpstliche Basilika“.*

● **Gasthof „Goldener Hirsch“** – Altfränkischer Gasthof mit schönen Komfortzimmern, rustikalen Gasträumen und herrlichem Biergarten. Gutbürgerliche Küche mit frisch und kunstvoll zubereiteten fränkischen Spezialitäten, feinen Fischvariationen und herzhaften Brotzeiten. Köstliche selbst gemachte Kuchen. Mittlere Preise. – *ÖZ: 10–18 Uhr oder nach Vereinbarung. Kein Ru.*

● **Vierzehnheiligen – Romansthal** – 1 Std – Der bequeme Rückweg beginnt oberhalb der *Klosterbrauerei,* auf Feldweg re mit

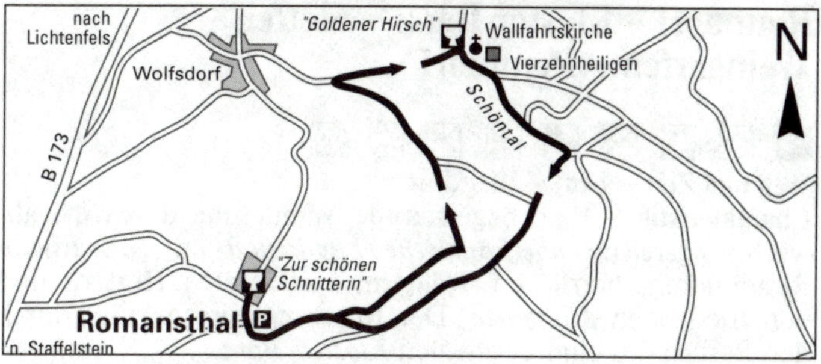

dem Zeichen des *[Mainwanderweges, M]*. Gut ausgeschildert auf breitem Panoramaweg mit herrlicher Aussicht Ri *Staffelberg*. Unterhalb des *Staffelberges* Fahrstr re abw und in ca. 10 Min zurück zum Ausgangspunkt.

● **Gasthof Zur Schönen Schnitterin** – Gepflegter Gasthof mit komfortablen Gästezimmern. Gemütliche Gasträume mit Panoramablick ins Maintal, schöner Biergarten. Die erstklassige Küche erfüllt auch gehobene Ansprüche. Fein zubereitete Fischgerichte, zarte Steaks, köstliche fränkische Schmankerln und phantasievoll zubereitete vegetarische Speisen. Mittl. Preise. – *Ru = Mo.*

Reundorf – Kloster Banz – Stetten – Weingarten – Reundorf

Weg und Zeit – 9 km – 2¼ Stdn.

Charakteristik – Eine begeisternde Wanderung durch die abwechslungsreiche *oberfränkische Landschaft* mit großartigen Rundblicken, herrlichen Wäldern, verträumten Dörfern und den friedvollen *Mainauen.* Der Rundweg wird gekrönt durch den Besuch des eindrucksvollen *Klosters Banz.*

Anfahrt – B 173 *Bamberg – Lichtenfels,* Ausf. *Lichtenfels-West.*

Parken – Großer Gäste-P beim *Gasthof Müller.*

● **Reundorf – Kloster Banz** – ¾ Std – Vom *Gasthof Müller* auf der *Kloster-Banz-Str* aus dem Ort hinaus. Nach den letzten Häusern *Zur Fähre* re, *Ww [Radweg Hausen].* Beim Wasserkraftwerk auf der Fußgängerbrücke über den *Main.* In *Hausen* Durchgangsstr
MA re. Am Ortsende mit *Ww [Schloss Banz]* und *[Höhenweg-H]* li über steile Stufen aufw in den Wald. Jetzt gut ausgeschildert aufw durch schönen, hohen Mischwald. Nach ca. 30-minütigem Aufstieg erreicht der Wanderer das

● **Kloster Banz** – Die ehemalige *Benediktinerabtei* aus dem 11. Jh. ist mit ihrer Barockkirche einer der Glanzpunkte des *Oberen Maintals.* Erstes *Benediktinerkloster* von 1071, erneuert 1114, wieder errichtet im 18. Jh. Ab 1814 Sommerresidenz für *Herzog Wilhelm von Bayern,* heute Sitz der *Hans-Seidel-Stiftung.* Klostergebäude 1698–1707. *Kath. Pfarrkirche St. Peter und Dionysius* 1710–19, Kirchenfassade, Freitreppe, Ehrenhof bis 1780 von *Balthasar Neumann.* Überaus eindrucksvolles Inneres. Überwältigende Raumwirkung. (*ÖZ: Tägl. 9–12 und 14–16 (17) Uhr. Vorraum mit Blick ins Innere jederzeit*). Sehenswert auch die *Petrefaktensammlung* (Fossilienschau mit orientalischer Sammlung, *ÖZ: 1. 3.–30. 10., Di–So/Fei 10–17 Uhr. Nov. nur Sa und So*).

● **Kloster Banz – Stetten – Weingarten – Reundorf** – 1½ Stdn – Vom Besucher-P gegenüber dem Kloster herrliche Aussicht.
MW Hier geht es mit Markierung *[Mainwanderweg-M]* und *[Blauem Punkt]* in den Wald hinein. Nach 20 Min im Wald ca. 50 m vor gr
OM Gabelung (*Altenbanz* li, *Maximiliansweg* ger) *ohne Markierung* halb re leicht abw. Spitze Gabelung nach 5 Min halb re. Jetzt immer auf diesem Weg durch den Wald. Nach Waldende vor der Ortschaft *Stetten* Querweg li. An nächster Querstr *Mönchsberg* re. Mit herrlicher Aussicht über das *Maintal* und auf das gegenüberliegende *Vierzehnheiligen* leicht abw, nächste Querstr halb re durch den Ort. Nach Ortsende auf der wenig befahrenen Fahrstr bleiben. Querstr Ri *Unnersdorf* kurz re und gleich wieder li in die kleine Ortschaft *Weingarten. Maintalweg* li abw. Bei Mehrfachgabelung vor dem Mainufer ger. Nach 5 Min der
MA Mainkurve folgend Abzweigung re, *[Großer Rundweg Reundorf].*

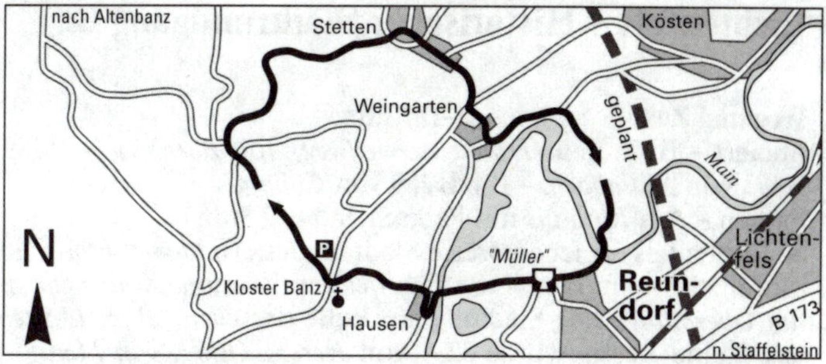

Nach 15 Min Querweg re, die *Mainbrücke* überqueren und nach *Reundorf.* Im Ort *Hainstr* halb re, *Kloster-Banz-Str* ger und zurück zum *Gasthof-Pension Müller.*

● **Gasthof-Pension Müller -** Entspannen, Erholen und Schlemmen auf gut fränkisch - unter diesem Motto wird der Gast in diesem gepflegten, familiären Haus verwöhnt. Großzügige, behagliche Komfortzimmer. Gutbürgerliche Küche mit herrlichen fränkischen Spezialitäten. Sehr feine Fischvariationen. Herzhafte Brotzeiten aus eigener Schlachtung. Mittlere Preise. - *Ru = Mi, Do.*

● **Weiterer Wanderweg: Auf dem Planetenwanderweg von Unnersdorf nach Untersiemau** - 12 km - 3 Stdn - Ausgangspunkt ist bei der Darstellung des *Pluto* an der *Mainaue* in *Unnersdorf.* Mit *[Blauem Pfeil]* Ri *Schloss Banz.* Unterhalb von *„Drei Eiben"* MA
Standbild des *Neptun.* Weiter durch Rotbuchenwälder entlang des Steilabhangs der Plateau-Kante. An altem Markstein ger, nicht (!) mit *Maximilianspfad* re. Vorbei an uralter Buche. Abw, *„Kreuz am Weg".* Am *Kulch* (483 m) Befestigungsreste. Weiter abw bis Kreuzung mit *Uranus.* Ger Ri *Untersiemau.* Vor dem Ort *Saturn, Jupiter.* Dorfteich, li Blick auf das *Untere Schloss* (13. Jh.). *Ev. Gemeindezentrum,* aufw zur B 289. Ab *Prinzengasse: Mars, Erde, Venus, Merkur. Galgenhöhe: Sonne.*

Lichtenfels - Historischer Stadtrundgang

Weg und Zeit - ca. 2 km - 1 (-1½) Stdn.
Anfahrt - B 173 neu *(Frankenschnellweg)* von *Bamberg.* - B 289/ B 173 von *Kulmbach.* - B 4/B 289 von *Coburg.*
Parken - Am *Rathaus* mit Parkschein bis 2 Stdn.
● **Lichtenfels** - Liebenswerte Stadt an der *„Goldenen Pforte"* inmitten des von *Viktor von Scheffel* gepriesenen *„Gottesgartens am Obermain"*. Die Siedlung am Fuße der *ehem. Burg Lichtenfels* (keine Reste) wurde 1231 von *Herzog Otto I. von Meranien* zur Stadt erhoben. Stadtbefestigung mit Ringmauer sowie 9 Toren und Türmen (3 erhalten). Die Stadt wurde sowohl im *Markgrafenkrieg* (1552/53) als auch im *Dreißigjährigen* und im *Siebenjährigen Krieg* schwer mitgenommen. 1802 endete mit dem Einzug *pfalz-bayerischer Truppen* die über 600jährige Herrschaft des *Hochstifts Bamberg.* - Seit dem 18. Jh. Entwicklung des *Korbmacherhandwerks* zu seiner heutigen Bedeutung. 1846 *Eisenbahnanschluss.* - 1972 Bildung des *Landkreises Lichtenfels.*
● **Der Rundgang durch die Deutsche Korbstadt** - Nummerierung analog des ausführlichen Prospekts des *Städt. Verkehrsamts/Tourist-Infomiation* im **1) Rathaus** - Erb. 1740–45 von *Fürstbischof Friedrich Carl von Schönborn* durch *J. H. Dientzenhofer,* unter Verwendung von Steinen der *ehem. Meranierburg Lichtenfels (im Bauernkrieg* 1525 beschädigt, danach verfallen). Zwei prächtige *Sandsteinwappen.* Davor der blumengeschmückte *größte Präsentkorb der Welt.* - **2) Kastenhof.** Ehem. Bürgerhaus, ab 1608 Sitz des Kastners, ab 1804 Rentamt, heute Schule. - **3) Kath. Pfarrkirche zu Unserer Lieben Frau.** Fränkischer *„Fünfknopfturm"* (Mittelspitze u. vier Ecktürmchen), 14./15. Jh., *Chor* 1487, *Langhaus* 16. Jh. Reiche *Ausstattung:* u. a. *Hochaltar* (1737) mit Altarblatt von *Ch. W. Meuser. Kanzel* und *Chorgestühl* 1740, *Bronze-Epitaphe* für *Wolf u. Walpurga v. Schaumburg* 1528/29. - **4) Oberer o. Kronacher Torturm** (41 m), 1353 genannt, Weiterbau bis 1802. In fünf Stockwerken *Korbausstellung, Geschichte des Korbhandwerks.* - Prächtige Aussicht! - **5) Ev.-Lutherische Pfarrkirche** 1902/03. - **6) Staatl. Berufsfachschule für Korbflechterei,** einzige Schule ihrer Art in Deutschland. - **7) Kastenboden/Knopsbergschloss/Stadtschloss,** 1555 von *Kaspar von Sternberg* als Schloss erb. Nach wechselvoller Geschichte 1970 Kauf und Restaurierung durch die Stadt. - **8) Roter Turm,** einst höchster Punkt der Stadtbefestigung (14. Jh.). Daneben Stadtmauer mit Wehrgang. - **9) Kath. St.-Jakobs-Kapelle,** im Kern 14., sonst 18. Jh. - **10) Kalvarienberg-Gruppe,** Mitte 17. Jh. - **11) Kath. Spitalkirche zur Schmerzhaften Muttergottes,** 14. u. 17. Jh., Innenmodernisierung 1972. Erste Station des *Kreuzweges* von 1714 nach *Vierzehnheiligen* (Relief *Christus am Ölberg).* - **12) Unteres o. Bamberger Tor** (22 m), 14./15. Jh., Spitzhelm 1618. - **13) Burgberg.** - **14) Stadmauer.** - **15) Friedhof.**

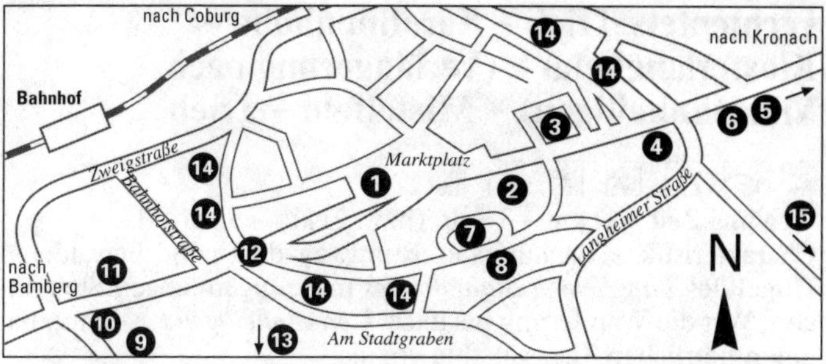

● **Markierte Rundwanderwege ab Rathaus von Lichtenfels**

1. Kloster Banz

Bamberger Tor und *-Straße – Reundorf – Mainbrücke* – **Kloster Banz** (S. 128). – *Kösten – Mainbrücke* – Unterführung. – ca. 14 km.

2. Vierzehnheiligen

Stadtknechtsgasse – Pietät – Moritzkapelle – Hohe Eller – **Vierzehnheiligen**. (S. 126) – *Pilgerweg – Grünewaldstraße – Stadtmauer.* – ca. 13 km.

3. Eiserne Hand am Krappenberg

Oberer Torturm – Friedenslinde – Prälatenweg – **Eiserne Hand**. – *Degendorf* – Überführung B 173 – *Kronacher Str.* – ca. 12 km.

4. Klosterlangheim

Oberer Torturm – Friedenslinde – Prälatenweg – Eiserne Hand – Reedersteig – **Klosterlangheim** (S. 132). – *Mistelfeld – Horbhof – Nordgauer Str – Langheimer Str – Stadtmauer.* – ca. 18 km.

5. Karolinenhöhe/Trieb

Oberer Torturm – Gabelsberger Str – Oberwallenstadt – Michelau – Krappenberg – Karolinenhöhe (S. 132). – *Krappenroth* – B 173 queren – *Fußweg Lichtenfels.* – ca. 14 km.

6. AT am Herberg – ca. 12 km.

7. Staffelberg – ca. 20 km.

● **Weitere Wanderziele** – *Lehmenbrunnen. – Gretchenbrunnen. – Schifferbrunnen. – Gnellenroth* u. v. a.

Lichtenfels-Trieb – Karolinenhöhe – Klosterlangheim – (Verlängerung nach Vierzehnheiligen) – Mistelfeld – Trieb

Weg und Zeit – 11 km – 3 Stdn (bzw. 21 km – 5½ Stdn).
Charakteristik – Besinnlicher Rundweg durch die bewaldeten Hügel des *Langheimer Staatsforstes* mit einigen langen Steigungen. Wer die Wanderung bis nach *Vierzehnheiligen* ausdehnt, hat einen herrlichen Tagesausflug vor sich.
Anfahrt – Von *Lichtenfels* B 173 Ri *Kronau.*
Parken – Großer Gäste-P beim *Landgasthof Karolinenhöhe.*

● **Trieb** (280 m) – Der seit 1978 zu *Lichtenfels* eingemeindete kleine Ort ist eng mit der Geschichte des *Klosters Langheim* verbunden. 1723/24 ließ *Abt Gallus Knauer* das im Bauernkrieg zerstörte alte Schloss in *Trieb* neu errichten. 1727 begann er den Bau der *Hofmeisterei.* Das Schloss diente dem Sommeraufenthalt der *Langheimer* Äbte. Heute ist es in privatem Besitz. Auch der *Gutshof Nassanger* war ehemaliger Besitz des *Zisterzienserklosters Langheim.*

● **Landgasthof Karolinenhöhe** – Weithin bekannte und beliebte Ausflugsgaststätte mit gemütlichen Gasträumen und wunderschönem Biergarten unter alten Kastanien. Gutbürgerliche Küche mit Schwerpunkt auf deftigen, fränkischen Gerichten. Hausspezialität sind die lecker zubereiteten Wildgerichte aus eigener Jagd. Sehr günstige Preise. – *ÖZ: Mo, Di, Do, Fr ab 17 Uhr, Sa und So ganztägig. – Ru = Mi.*

● **Trieb-Karolinenhöhe – Klosterlangheim** – 1½ Stdn – Von der
OM *Karolinenhöhe ohne Markierung* auf Feldweg vorbei an der gr Scheune. Auf breitem Forstweg in den Wald hinein. Nach 100 m Linksbogen. An Gabelung bei Hochsitz scharf li. Nächste Kreuzung scharf re aufw, *Ww [Eiserne Hand].* An der 3. Abzweigung
MA im Wald mit *[Rotem Kreuz]* und *[M-Mainwanderweg]* li, *Ww [Klosterlangheim].* Querweg li. Nach 800 m nächsten Querweg *ohne Markierung* re. Nach knapp 5 Min erneut Querweg li. Beim nächsten Querweg wieder re, *Ww [Klosterlangheim], [Abt-Knauer-Rundweg].* Jetzt immer ger abw bis in den kleinen Ort

● **Klosterlangheim** (311 m) – Ehemalige *Zisterzienserabtei.* 1132/33 gegründet, 1803 säkularisiert. Im 17. Jh. verfasste hier der *Abt M. Knauer* seinen *Hundertjährigen Kalender.* Von den Klosteranlagen sind nur noch Teile erhalten: Die *kath. Kirche St. Maria, Petrus und Bernhard,* die *Katharinenkapelle,* die Eckpavillons des *Konventhauses* sowie einige Wirtschaftsgebäude.

● **Klosterlangheim – Mistelfeld – Trieb-Karolinenhöhe** – 1½ Stdn – Vom ehemaligen Kloster *Abteistr* Ri *Mistelfeld.* Nach dem *Un-*
MW *teren Torhaus Frankenthaler Str* halb li, *[Prälatenweg].* Nach 150 m vor der alten Bachbrücke re, *Ww [Mistelfeld].* Jetzt immer

oben: *Veste Coburg*

unten: *Schloss Rosenau bei Rödental*

oben: *Seßlach, Teilansicht der vollkommen geschlossenen Stadtmauer*

unten: *Arnoldhütte auf dem Muppberg in Neustadt b. Coburg*

oben: *Neumühle in Altenkunstadt*

unten: *Brotbacken in der Fränkischen Schweiz*

Das Osterbrunnenschmücken hat in der Fränkischen Schweiz eine lange Tradition: Osterbrunnen in Mittelehrenbach

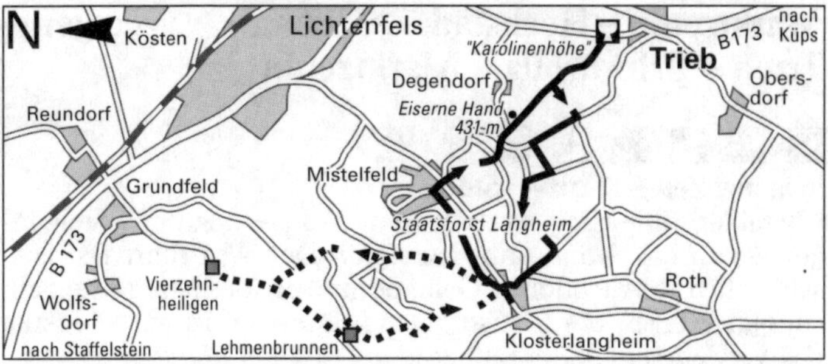

am Bach entlang, vorbei an einem Sportplatz bis in die kleine
Ortschaft *Mistelfeld* hinein. *Leo-Veth-Str* ger, *Mistelweg* mit *[M]* *MW*
re. An der Durchgangsstr ein kleines Stück re. Nach 10 m Feldweg li mit *[M]* und *Ww [Eiserne Hand/Degendorf]* aus dem Dorf hinaus. Ger aufw in den Wald. Es folgt ein langer Anstieg durch den Wald mit einem sehr steilen Teilstück. Im Wald nach ca. 10 Min spitze Gabelung halb li. Oben bei Mehrfachwegweiser *Eiserne Hand* mit Schutzhütte und Rastplatz bietet sich ein geruhsames Verweilen an. Weiter mit *Ww [Trieb]*. Am Ende des Hochwaldes herrliche Aussicht. An dieser Stelle Einmündung in breiten Forstweg. Jetzt immer ger und leicht abw zurück zur *Karolinenhöhe.*

● **Verlängerungsmöglichkeit bis Vierzehnheiligen** - Von *Kloster-*
langheim Frankenthaler Str ger über Bachbrücke auf *[Großem* *MW*
Rundweg]. Bei Kreuzung am Waldrand mit *[M]* li. Immer dem *MW*
Mainwanderweg-Zeichen folgen bis zur *Klosterkirche Vierzehnhei-*
ligen (s. S. 126). Der Rückweg führt zunächst an der Str nach
Oberlangheim entlang. Nach 15 Min am Waldrand *ohne Markie-* *OM*
rung li abw in den Wald. Unten Forstweg re, vorbei am *Lehmenbrunnen.* Gabelung li, nächste Gabelung halb re. Nach 300 m Abzweigung li, *Ww [Klosterlangheim].* Auf diesem Weg in 20 Min zurück nach *Klosterlangheim* und weiter wie oben beschrieben. (Verlängerung 10 km - 2½ Stdn).

Marktzeuln – Hochstadt – Gruben – Nassanger – Trieb – Schwürbitz – Marktzeuln

Weg und Zeit – 12 km – 3 Stdn.

Charakteristik – Eine sehr bequeme Wanderung ohne Steigungen durch das *Main-* und *Rodachtal.* Der Weg führt fast ausschließlich durch offenes Gelände und ist deshalb an heißen, sonnigen Tagen etwas anstrengend. Lohnend ist auf alle Fälle das Verweilen in der bezaubernden Ortschaft *Marktzeuln.*

Anfahrt – B 173/B 289, Abzweig bei *Zettlitz.* – Von *Sonnefeld* (B 303) über *Weidhausen.*

Parken – Gr Wander-P gleich hinter der *Rodachbrücke* li. – Gr P beim *Hotel Mainblick.*

● **Marktzeuln** – Ein malerischer Marktflecken am *Rodachufer.* Erstmals urkundlich erwähnt 1071. Marktrecht seit 1570 (jeden 2. Sonntag im Monat findet hier ein weithin bekannter und viel besuchter Krämermarkt statt). Idyllisches Ortsbild mit einer Vielzahl von schön restaurierten Fachwerkhäusern des 17. u. 18. Jh. Besonders erwähnenswert ist das prachtvoll verzierte *Fachwerk-Rathaus* (1577 erbaut, 1645 gebrandschatzt, 1690 wiederaufgebaut) mit einer sehr interessanten Eingangstür. *Kath. Pfarrkirche St. Michael* (14.–18. Jh.).

● **Landgasthof-Hotel** – Ruhiges Haus mit stilvoll eingerichteten Gasträumen und herrlicher Terrasse. Komfortable Gästezimmer. Die Küche lässt keine Wünsche offen. Deutsche und französische Köstlichkeiten, auch Lamm, Wild und Fisch. Saisonale Spezialitäten (z. B. unwiderstehliche Pilzgerichte). Mittlere bis leicht gehobene Preise. – *Kein Ru.*

● **Der Rundweg** – Nach der *Rodachbrücke* gleich re mit der Mar-
MA kierung des *Rodach-Wanderweges [Grille]* auf dem *Hochstadter*
OM *Weg.* Jetzt immer ger, später *ohne Markierung* auf befestigtem Weg durch die fruchtbare *Rodach-* und *Mainebene.* Nach einer langgezogenen Linkskurve stößt die Route auf die Str nach **Hochstadt**. Auf der Brücke den *Main* überqueren, *Bahnhofstr* re
MA und nach 100 m *Grubener Weg* wieder re, *[Radweg 8].* Der Weg führt jetzt entlang der Bahnlinie. Nach dem kl Weiler **Gruben** li
OM auf der Brücke über die Bahngleise. Nach der Brücke halb re *ohne Markierung* auf Feldweg bis zum **Gutshof Nassanger**, einem gut erhaltenen Rundbau, ehem. Wirtschaftsgebäude des *Klosters Langheim,* erb. 1792/93 von *Dientzenhofer.* Vor dem *Gut* re. Jetzt nicht auf befestigtem Weg über die Pappelallee, sondern
OM gleich nach dem *Gut* in Linkskurve *ohne Markierung* re auf Feldweg. Dieser Weg führt vorbei am *Nassanger Weiher* bis in die Ortschaft **Trieb**. Über *Bürgermeisterstr* vor bis zur Durchgangsstr. *Langenau* re und über Feldweg *ohne Markierung* halb re vor bis zur Bahnlinie. Achtung: Viel befahrene Strecke **(!)**. Gleise

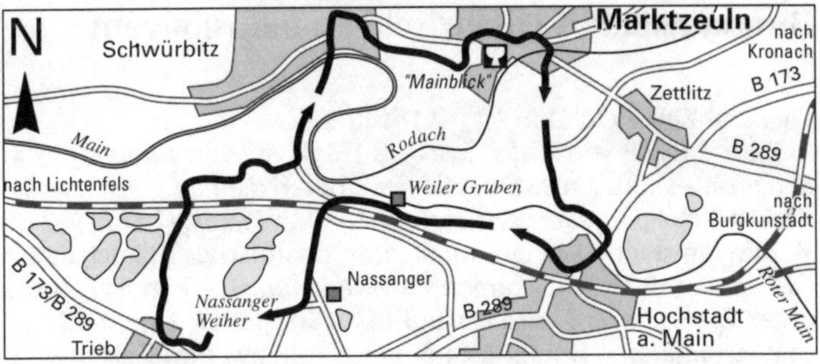

überqueren und ger auf Feldweg weiter. Jetzt folgt ein Stück über freies Feld mit mehreren Gabelungen. Immer ziemlich parallel zur Bahnlinie halten. Man erreicht nach ca. 10 Min einen befestigten Weg *[Radweg 8]*, der li in die Ortschaft **Schwürbitz** führt. Hier vor bis zur Durchgangsstr. Jetzt re vorbei an beeindruckenden Fachwerkhäusern. Am *Nonnenbach* re, jetzt weiter auf Fußweg *ohne Markierung* bis *Marktzeuln*. Von hier aus wieder zurück zum Ausgangspunkt.

MA

OM

- **Weitere Wanderziele** – *Graitzer Spitzberg* (365 m) mit großartigem Blick auf das *Rodach-* und *Maintal*. – *Redwitz a. d. Rodach*. – *Michelau* u. v. a.

Burgkunstadt - Historischer Stadtrundgang

Weg und Zeit - ca. 2 km - 1 (-1½) Stdn.
Anfahrt - B 289 von *Kulmbach.* - B 173/B 289 von *Bamberg* bzw. *Kronach.* - A 70, Ausf. *Stadelhofen,* über *Weismain.*
Parken - Ⓟ *Sportplatz* oder *Festplatz.* - *Marktplatz* (2 Stdn).
● **Burgkunstadt** - Ein charmantes, sympathisches Städtchen am *Obermain* mit vielen schönen *Fachwerkbauten.* - Um 830 wurde unter *Ludwig dem Deutschen* auf dem Burgfelsen eine mächtige spätkarolingische Burganlage erbaut - und zwar im Zusammenhang mit der Bildung der *Sorbischen Mark* und der *Nordgaumark.* 1059 wird erstmals ein *Aepelin von Counstat (de constat)* urkundl. genannt. Um 1064 gehörte die Burg zu den *„Neuen Burgen" von Bamberg.* Die Geschlechter derer *von Kunstat, Marschalk, von Redwitz* waren *Bamberger Ministerialen* und *Lehensträger.* Aus der Burgsiedlung entwickelte sich nach 1250 die mittelalterliche Stadt (beurkundet u. a. 1288). Die *„Altenburg ob Kunstadt"* wurde 1861 an die Stadt verkauft und musste 1895 einem Neubau weichen. Der Zauber des mittelalterlichen Burgstädtchens blieb jedoch erhalten.
● **Der Rundgang** - Abgestimmt auf das anschauliche Faltblatt des *Verkehrsamtes,* das im *Rathaus* erhältlich ist. - **1) Plan.** Zentraler Platz einer wahrscheinlich slawischen Ursiedlung. Später Judenvorstadt an einer karolingischen Handelsstraße. - Durch die *Kulmbacher Str* bzw. *„Judengasse"* (seit dem 13. Jh. Judengemeinde mit Synagoge, Schule, Friedhof. Bis zu ⅓ jüd. Einw.). Vom Ende der *„Judengasse"* Blick zum Burgfelsen. Danach *Feuerweg* li, schmaler Felssteig li aufw zur **2) Lend**. Steiler, zwingerartig in den Fels gehauener Aufgang *(Lendtor* 1872 abgebrochen) zur *Oberen Stadt.* Herrlicher Blick über die *„Judengasse".* - Re ab, *Kuni-Tremel-Eggert-Str* re, *Roßgasse,* Linksbogen zum **3) Pentzer Tor.** Torturm 1816 abgebrochen. Blick zum *Rathaus.* - *Städelgasse* zum **4) Kronacher Tor.** Torturm 1872 abgebrochen. Durch den *Polizeirangen* zur *Fliehgasse* (hier Wegerweiterung möglich über Burgweg zur *Vogtei,* 1788) und li zum **5) Marktplatz.** Ein Platz mit mittelalterlichem Flair und atmosphärischer Dichte. *Nepomuk-Statue,* 1777. - **6) Stadtpfarrkirche St. Heinrich und Kunigunde.** Die mittelalterl. Kirche (Pfarrei seit 1288) wurde 1783–85 ausgeb. und 1811–13 umgeb. Schöner Rokokoturm. *Hochaltar,* 1831. *Seitenaltäre,* 1780/81. *Hl. Anna selbdritt* um 1500. Ausdrucksstarke Pietà um 1360. - **7) Rathaus.** Ein großartiges Meisterwerk des Zimmermanns *Jörg Hoffmann.* 1689/90 setzte er das einzigartig verzierte Fachwerkgeschoss auf den zweistöckigen Mauersockel. Fränkische *Eingangshalle* mit Holzdecke und -pfeilern. *Historischer Raum* mit Ausgrabungen aus der *Karolingerzeit.* - Sehr schöner Blick über *Stadt* und *Maintal* - Daneben zwei prächtige *Fachwerkbauten.* - **8) Deutsches**

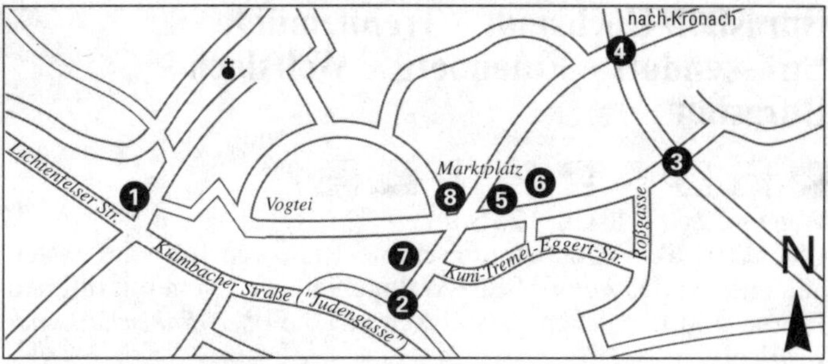

Schustermuseum der *„Schuhstadt am Obermain"* (1888–1990 mit zeitweise 2300 Beschäftigten). *Firma Baur* war das *erste deutsche Schuhversandhaus.* Sehenswerte Sammlungen. - Am *Friedhof* die **Fünf-Wunden-Kapelle**, 1659–60(66). Doppelseitige *Madonna im Strahlenkranz* um 1520. Schöne *Kanzel* 17. Jh., *Altäre* 18. Jh.

● **Lohnende Rundwanderwege** - Eine *Wanderkarte der Stadt Burgkunstadt* (erhältlich im *Rathaus)* stellt *7 markierte Routen* samt genauer Beschreibung vor.

Burgstall/Hochstadt - Trebitzmühle - Strössendorf - Eulenberg - Wolfsloch - Burgstall

Weg und Zeit - 10 km - 2¾ Stdn.

Charakteristik - Der wunderschöne Rundweg führt im ersten Teil entlang des *Mains.* Stille Waldgebiete wechseln mit offenen Fluren und herrlichen Ausblicken auf die *oberfränkische Landschaft* ab.

Anfahrt - *Bamberg,* B 173 über *Staffelstein, Lichtenfels* bis *Hochstadt,* in *Hochstadt* Abzweig nach *Burgstall.*

Parken - Gäste-P beim *Gasthaus Fischer.*

● **Burgstall - Trebitzmühle - Strössendorf** - ½ Std - Neben *Gast-*
MA *haus Fischer* an der Kapelle li mit *[Radweg Nr. 8]* Ri *Strössendorf*
aufw, ein herrlicher Weg am *Main* entlang. Abzweigung li, auf Landstr an der Sägmühle vorbei (*Trebitzmühle* erbaut 1722), kurzes Stück Landstr nach *Strössendorf.* Linker Hand liegt *Schloss Strössendorf* mit Kirche, urspr. 12. Jh., Neubau 16. Jh. (Privatbesitz, nicht zu besichtigen).

● **Strössendorf - Eulenberg** - 1½ Stdn - Im Ort *Biberbachstr* ger, an Gabelung li, nach 100 m bei Gabelung ger steil aufw durch schönen Wald, vorbei am Gedenkstein *Förster Georg Spengler*
MW *(1928).* Stetig aufw, 50 m vor **(!)** Bergkuppe re, *[4]*, an Gabelung
MW re Ri Wander-P *Spiesberg.* Str überqueren, 1. Weg li, *[5],* steil
aufw, bei Gabelung re, *Ww Eulenberg* (430 m), großartiger Ausblick.

● **Eulenberg - Wolfsloch - Burgstall** - ¾ Std - Bei Gabelung re,
MW mit *[4]* abw, hinter Wbh re nach *Wolfsloch.* 1. Str re, nächste Str
li am Sportplatz vorbei auf schönem Halbhöhenweg nach *Burgstall* zum *Gasthaus Fischer,* das zum Verweilen einlädt.

● **Gasthaus Fischer** - Ruhige Lage. Gemütliche Gasträume. Familiäre Atmosphäre. Gutbürgerliche Küche mit deftigen fränkischen Gerichten, z. B. mit Klößen, und genussvoll-herzhaften

Brotzeiten. Hausmacher Spezialitäten. Eigene Wurstherstellung. Mittlere Preisklasse. – *Ru = Di.*

Sonnefeld – Bieberbach – Gestungshausen – Firmelsdorf – Sonnefeld

Weg und Zeit – 13 km – 3¼ Stdn.
Charakteristik – Dem Liebhaber weiter Felder und Fluren sei diese Wanderung wärmstens empfohlen. Aber auch diejenigen, die die Besichtigung sakraler Bauten in den Vordergrund stellen, kommen auf ihre Kosten.
Anfahrt – Bamberg, B 173/B 4 Ri *Coburg,* kurz vor *Coburg* Abzweigung B 303 Ri *Kronach* bis *Sonnefeld.*
Parken – Gäste – P beim *Gasthof Zum Goldenen Löwen.*
● **Sonnefeld** – *1252 erstmals genannt. Ehem.* Zisterzienserinnenkloster *(1287–1526), eines der bedeutendsten oberfränkischen Klöster der Hochgotik.* St.-Moritz-Kirche (um 1350), streng gotisch mit neugotischer Ausstattung. Hoheitsvolle Epitaphe und zwei Stiftermonumente (um 1370).
● **Sonnefeld – Bieberbach – Gestungshausen** – 2 Stdn – Vom *Goldenen Löwen Thüringer Str* ger, 2. Str re. *Hummenberg* immer ger durch den Wald bis zum Feld. Abzweigung li, nach 100 m re, an

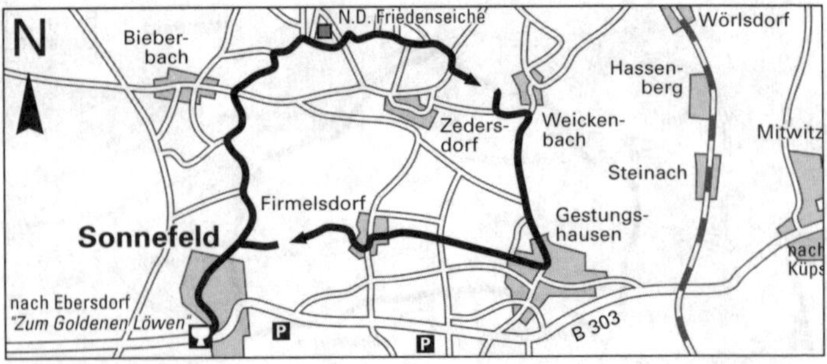

Gabelung re. Landstr Ri *Bieberbach,* an Abzweigung re, nach 50 m li auf befestigten Weg. Offene Wiesenlandschaft mit herrlichen Ausblicken. An Gabelung li, an *Bieberbach-Quelle* re (**!**), an Gabelung re aufw zum *ND Friedenseiche,* toller Rundblick. Auf grasigem Feldweg li ab, dann re, am Feldrand ger abw zu Fischteichen. Abzweigung re, Str re, Abzweigung li. Dann auf Str li Ri *Weickenbach,* am Ortseingang re nach *Gestungshausen.* Eine reich ausgestattete *Barockkirche* und ein gotischer *Wehrturm* kennzeichnen den mittelalterlichen Siedlungskern.

• **Gestungshausen – Firmelsdorf – Sonnefeld** – 1¼ Stdn – *Schmidengasse* abw, am Sportplatz entlang, auf befestigtem Feldweg ger bis *Firmelsdorf,* Landstr li, vor Ortsende re, auf kurvigem Weg durch schönen Mischwald ger, an Gabelung li zurück zum

• **Gasthof Zum Goldenen Löwen** – Kachelofen und Gewölbedecke unterstreichen die gepflegte Atmosphäre. „So schmeckt's bei uns in Franken", ist die Devise der gutbürgerlichen Küche. Spezialität: Mi und So Braten mit Thüringer Klößen. Komfortable Gästezimmer. Biergarten. Mittlere Preise. – *Ru = Do.*

Fürth a. Berg/Neustadt b. Coburg – Mogger – Örlsdorfer Wald – Fürth a. B.

Weg und Zeit – 6½ km – 1¾ Stdn.

Charakteristik – Stille und Abgeschiedenheit sind die herausragenden Attribute, die den Wanderer auf diesem Rundweg begleiten, wenn er Feld, Wald und Wiesen unter seine Stiefel nimmt. Die Strecke in unmittelbarer Nähe der ehemaligen Trennungslinie zwischen Deutschland-Ost und Deutschland-West schließt eine Konfrontation mit Relikten dieser Zeit nicht aus und stimmt nachdenklich.

Anfahrt – B 4/B 303 von *Coburg* Ri *Kronach,* Abzweig bei *Sonnefeld* oder *Gestungshausen.* – B 303 von *Kronach,* Abzweig in *Mitwitz.* – Von *Neustadt b. Coburg.*

Parken – Gr P am *Hotel Grenzgasthof.*

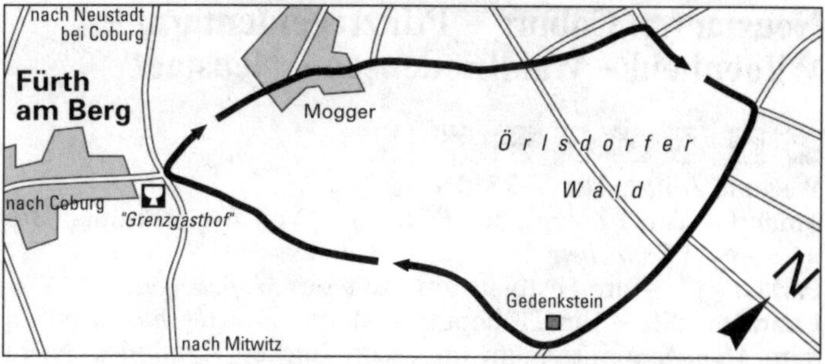

● **Der Rundweg** - Am *Hotel Grenzgasthof* die Reste der alten Gleisanlage überqueren und auf landwirtschaftlichem Weg ger, *[Blauer Punkt],* nach **Mogger**. In *Mogger ohne Markierung* re Ri *MA*
Örlsdorf. 100 m nach Ortsende *Mogger* re auf Feldweg und über *OM*
ein kl Bächlein. An diesem entlang, auf Wiesenweg re und nach 50 m li zum Bach. Stets entlang des Bachlaufes bis zur Landstr. Abzweigung re leicht aufw, nach ca. 1 km auf der Höhe wieder re auf teils asphaltiertem, teils steinigem Weg durch den **Örlsdorfer Wald.** Der mit Gitterbetonsteinen befestigte Kontrollweg der einstigen deutsch-deutschen Grenze wird überquert. Weiterer Wegverlauf durch Felder mit schönem Rundblick bis zum *Thüringer Wald.* Auf weiter Ebene - eingebettet in eine Hügellandschaft - stößt der Wanderer alsbald auf einen Gedenkstein mit der Inschrift: *„Hier stand das Dorf Liebau (aus 1317), Flucht aller Dorfbewohner 1952, Abriss des Dorfes auf Anordnung des SED-Regimes 1975“.* Die Gemeinde *Muppberg* hat den Stein als Mahnmal 1992 errichtet. An dem Gedenkstein re zurück nach **Fürth a. Berg** zum

● **Hotel Grenzgasthof** - In absolut ruhiger Ortsrandlage verfügt das Hotel über komfortabel-stilvoll eingerichtete Zimmer. In den gepflegten, gemütlichen Gasträumen verwöhnen Küche und Keller mit regionalen Gerichten aus eigener Schlachtung, Thüringer Klößen, Fassbier und auserlesenen Weinen. Gartenterrasse. Mittlere bis leicht gehobene Preise. - *Kein Ru.*

Neustadt b. Coburg - Prinzregententurm - Wildenheid - Waldfriedensee - Neustadt

Weg und Zeit - 11 km - 3 Stdn.

Anfahrt - Von *Coburg* über *Rödental* - Von *Kronach* über *Mitwitz.* - Von *Sonneberg.*

Parken - Gr P am Festplatz am Fuße des *Muppberges.*

Charakteristik - Ein Höhepunkt ist der *Prinzregententurm* auf dem *Muppberg* mit einem unbeschreiblichen Rundblick. Nicht weniger reizvoll ist jedoch die Fortsetzung des Wanderweges am Fuße des *Thüringer Waldes.*

● **Neustadt b. Coburg** - Der Ort entstand mit dem Bau einer Zollburg. 1248 erstmals urkundl. erwähnt. Zwei gr Brände 1636 und 1839 legten fast die gesamte Stadt in Schutt und Asche. Bereits Anfang des 18. Jh. begannen die Bewohner mit der Fertigung von Puppen, die damals „Docken" hießen und noch aus Brotteig bestanden. Erst die Erfindung des Papiermaché 1814 erlaubte eine rationellere Fertigung. Seit den 20er Jahren ist *Neustadt* als *„Bayerische Puppenstadt"* bekannt und wurde das Zentrum der deutschen Spielwarenherstellung. Ein Muss: das *Museum der Deutschen Spielzeugindustrie,* u. a. mit über 800 Trachtenpuppen aus vieler Herren Länder und der „Werkstatt des Weihnachtsmannes" *(ÖZ: ganzjährig 10–17 Uhr).* Außerdem sehenswert: *Informationsstelle über die Teilung Deutschlands* (Tel. 09568/81126). - *Märchen-Park* mit lebensgroßen Figurengruppen bekannter Märchen und Sagen. Außerdem Kindereisenbahn, Autoscooter und Seilbahn. - *Erlebnispark, Eisfelder Str (ÖZ: März–Okt. 10–18 Uhr)* und die neugotische *St.-Georgs-Kirche* am *Marktplatz,* in deren Vorgängerbau schon *Martin Luther* predigte.

MA ● **Der Rundweg** - Vom Festplatz mit *[Blauem Punkt]* aufw, 1. Abzweigung li, kl Waldweg führt in Serpentinen beständig aufw. Am hölzernen Wegweiser des *Thüringer-Wald-Vereins* re mit *[Blauem Punkt].* Nach ca. ½ Std Erreichen des **Prinzregententurms** auf dem *Muppberg* (516 m). Zu Ehren der vier Prinzregenten des *Herzogtums Sachsen-Coburg-Gotha, Ernst v. Hohenloh-Langenburg, Herzog Alfred, Ernst II.* und *Karl Eduard,* wurde der 25 m hohe Aussichtsturm errichtet. Der Schlüssel für den Turm ist in der *Arnoldhütte* erhältlich. Phantastischer Rundblick weit nach *Thüringen* hinein, hinüber zum *Kloster Banz* und zur *Wallfahrtskirche Vierzehnheiligen.* An der *Arnoldhütte* li nach **Wildenheid** auf Waldweg abw. Unten angekommen, mit *[Blauem Punkt]* re, dann Abzweigung li, auf Fahrradweg entlang der Landstr. Vor Hinweisschild *Hönbach* Abzw li auf Feldweg **(!)**, stets *Z* folgen. Achtung: Von der befestigten Landstr mit *[Blauem Punkt]* li abzweigen, über eine Wiese, Bach überqueren **(!)**.

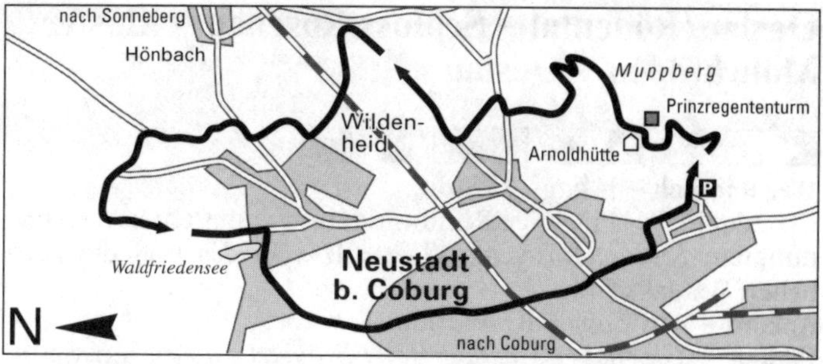

Auf Waldweg und durch Wiesen, vorbei an Fischteichen, führt
der Weg zum **Waldfriedensee** bei *Wildenheid* (Bootsverleih). Am
Ende des Teichs re, dann *ohne Markierung* li, auf Landstr nach *OM*
Neustadt. Walter-Flex-Str ger bis *Eisfelder Str* li, *Coburger Str* ger,
zum *Alexandrinenplatz.* Ger in *Heubischer Str*, dann *Alfredstr* li
und zurück zum P.

● **Weitere Haupt- und Zielwanderwege im Coburger Land:**

1.) „Blaupunkt-Weg" – 20 km – *Neustadt b. Coburg – Muppberg – Neustadter Heide – Mönchröden – Weinberg – Rothenhof – Schloss Neuhof – Bausenberg – Coburg* – Markierung *[Blauer Punkt in weißem Feld]*, teilweise auch *[Blaues Andreaskreuz in weißem Feld]*

2.) Carl-Escher-Weg – 71 km – Markierung *[Roter Punkt]*

3.) Coburg – Wildpark Tambach – 24 km – Markierung *[Roter, senkrechter Mittelstrich auf gelbem Feld]*

4.) Amtsbotenweg – 54 km – Markierung *[Blaue Pickelhaube]*

5.) Forstwanderweg der Naturfreunde – 8 km – Markierung *[Grünes N mit rotem Pfeil]*

6.) Friedrich-Rückert-Wanderweg *(Schweinfurt–Coburg)* – Gesamtlänge 125 km – Markierung *[Schwarzes Schattenbild Rückerts auf weißem Grund]*

Oeslau/Rödental – Schloss Rosenau – Kloster Mönchröden – Oeslau

Weg und Zeit – 14 km – 3¾ Stdn.
Charakteristik – Prächtige Rundwanderung mit mehreren Glanzpunkten: *Schloss Rosenau, Kloster Mönchröden* und die herrlichen Waldabschnitte.
Anfahrt – Von *Coburg* Ri *Neustadt-Sonneberg.*
Parken – *Gegenüber Gasthof-Hotel-Brauerei Grosch* am Sportplatz.

● **Rödental** – Stadt der Keramik (weltbekannte *Hummelfiguren)* und Puppen (größte deutsche Puppenfabriken). *OT Oeslau: Ev. Pfarrkirche* 16. Jh., 18./19. Jh.

● **Oeslau – Schloss Rosenau** – knapp ½ Std – Gegenüber *Braue-*
MA *rei Grosch* zur *Schalkauer Str.* Li auf Fahrrad- und Fußweg. *[Roter Punkt]* zum Schlosspark, Treppe li zum Schloss.

● **Schloss Rosenau** – (15. Jh., Anf. 19. Jh. im Stil der engl. Gotik verändert) Geburtsstätte *Prinz Alberts,* des Gemahls der *Queen Viktoria von England.* Schöner *Englischer Garten. Europäisches Glasmuseum.*

● **Schloss Rosenau – Kloster Mönchröden** – gut 2½ Stdn – *Z* fol-
OM gen nach *Unterwohlsbach.* Im Ort *ohne Markierung* an Abzwei-
MA gung *Lautertalstr* re. Kreuzung ger Ri *Rödental.* Am *Wander-*Ⓟ
MW li, *[Grüner Punkt],* ger aufw *Z* folgen, Str überqueren, mit *[7]* re,
MW bei Kreuzung re mit *[3].* Durch herrlichen Wald stetig talwärts. Abzweigung re, *Ww [Bahnhof Mönchröden]* folgen, nach ca. 500 m li, Gleise überqueren, li, *Lindenrangen* aufw zum *Kloster Mönchröden* (880 Jahre – ältester Sakralbau des *Coburger Landes, Abtshaus* 1526).

● **Kloster Mönchröden – Oeslau** – ¾ Std – Zur *Rothinestr* zurück, ger, *Schafsteg* li, dann *Brückenstr* re. Schöner Fußweg am Bach. *Einbergstr* re, vor Bahnübergang li zur gemütlichen Einkehr in den *Gasthof-Hotel-Brauerei Grosch.*

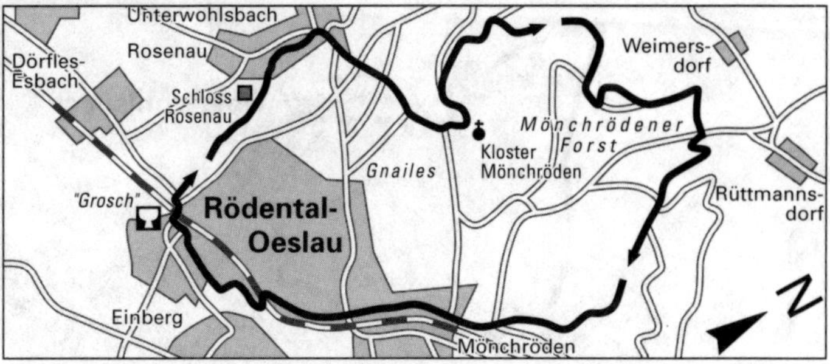

● **Gasthof-Hotel-Brauerei Grosch** - Behagliche Komfortzimmer. Gemütlich-rustikale Gasträume. Bierhof. Gepflegte Atmosphäre. Das kinderfreundliche Haus bietet eine mehrfach ausgezeichnete, gutbürgerliche Küche mit regionalen Akzenten. Spezialitäten sind „bierige Gerichte“ und hauseigenes Bier. Mittlere Preise. - *Kein Ru.*

Oberwohlsbach / Rödental - Forsthaus Taimbach - Lauterberg - Oberwohlsbach

Weg und Zeit - 11 km - 3 Stdn.
Charakteristik - Das anfängliche Bergauf und Bergab durch dichten Fichten- und Mischwald findet seinen Höhepunkt auf dem *Lauterberg* mit einem phantastischen Ausblick weit ins Land. Inmitten dieser grandiosen Szenerie thront wie ein Bollwerk die *Veste Coburg*. Welch' eine Stimmung!
Anfahrt - Von *Coburg* Ri *Schalkau.*
Parken - Am *Gasthof Lauterburgbräu* gr P.
● **Der Rundweg** - Vom hübschen Fachwerkhaus *Lauterburgbräu* ortseinwärts, mit *[Rotem Punkt]* re *(Carl-Escher-Weg)* auf Höhe *MA*
(436 m) zur **Ruine Lauterburg** (13.-17. Jh.). Der gut markierte

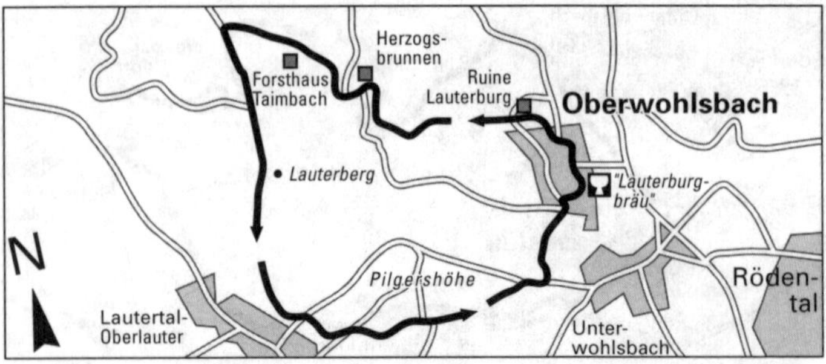

Weg führt beständig bergauf. Am *Naturlehrpfad* weiter Blick hinüber zur *Veste Coburg. Herzogsbrunnen* mit romantischem Rastplatz. *Z* folgen zum hübsch gelegenen **Forsthaus Taimbach**. Auf herrlichem Weg über Obstwiesen stetig bergan, auf der Höhe li auf breitem Forstweg. Kreuzung ger auf Grasweg mit
MW *[L]* zum Sendemast. Hier tut sich ein überwältigender Rundblick auf. Vom 474 m hohen **Lauterberg** führt der Weg durch Gras- und Buschlandschaft bergab nach *Oberlauter.* Dort *Fornbacher Str* li und sofort re auf Feldweg. Abzweigung re auf befestigten Feldweg, 1. Abzweigung wieder re. Es folgen schöne Rastplätze mit herrlicher Rundumsicht auf das *Coburger Land.* Von
MW der Landstr re ab, dann li, auf Feldweg mit *[Grünem Dreieck]* zurück nach *Oberwohlsbach* zum

● **Gasthof Lauterburgbräu** – Am Ortsrand gelegen. Die behaglichen Gasträume in gemütlich-familiärer Atmosphäre laden zur Rast ein. Gutbürgerliche Küche. Mittags- u. Abendtisch. Biergarten und Terrasse. Schöne Gästezimmer. Untere bis mittlere Preislage. – *Ru = Di.*

● **Weitere Wanderziele** – *Schloss Rosenau* (S. 148). – *Froschgrund, Froschgrundsee. – Mönchenrödener Forst. – Forst Lauterburg.*

Meilschnitz – Isak – Meilschnitz

Weg und Zeit – 10 km – 2¾ Stdn.

Charakteristik – Steil hinan auf die Hänge des *Thüringer Waldes* führt dieser Rundwanderweg, um dann am *Isak* (546 m) auf halber Höhe phantastische Ausblicke nach *Neustadt, Sonneberg* und weit ins *Oberfränkische* hinein zu gewähren. Tief beeindruckend sind die Überbleibsel der ehem. DDR-Grenzführung, durch die – ungewollt – eine fast unberührte Natur voller Stille und Abgeschiedenheit erhalten blieb.

Anfahrt – Von *Coburg* bzw. *Kronach* bzw. *Sonneberg,* jeweils über *Neustadt b. Coburg.*

Parken – Am *Gasthaus Gunsenheimer „Zum Grünen Wald".*

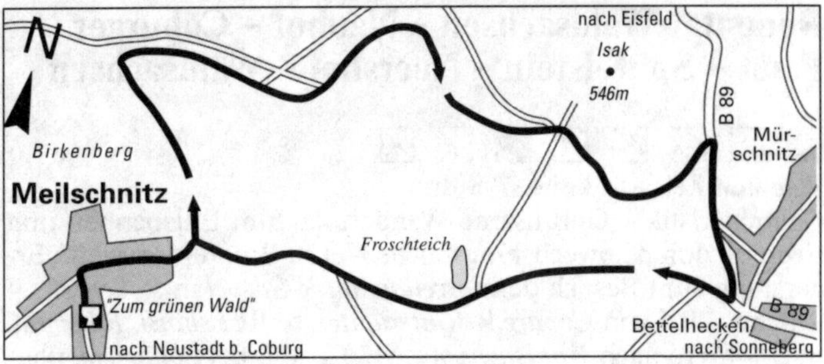

● **Der Rundweg** – Vom *„Grünen Wald"* die *Edgar-Müller-Str* immer ger bis zum Bächlein *Meilschnitz.* Dieses überqueren, li, *[Roter Strich].* Der romantische Weg führt mit geringer Steigung *MA*
am Bachbett entlang, um alsbald abrupt durch dichtes Unterholz an Höhe zu gewinnen. Schmaler Pfad, dann auf breitem Waldweg immer ger parallel zur ehemaligen DDR-Grenze, schwarz-rot-goldene Grenzmarkierungen. Überquerung des aus Betongittersteinen bestehenden Grenzkontrollweges. Grandioser Ausblick auf *Sonneberg* und *Neustadt* mit dem *Muppberg* und seinem herausragenden *Prinzregententurm.* – (Wer jetzt den Weg abkürzen möchte, kann an dieser Stelle den Grenzkontrollweg abw zur Landstr gehen, dort re nach *Meilschnitz.)* – *Z* folgen, stetig abw bis zur Landstr. Abzw re, 500 m auf Landstr nach *Sonneberg.* Am Ortsanfang gleich hinter Baumarkt re, wieder mit *[Rotem Strich]* auf verkehrsarmer Landstr zurück zum

● **Gasthaus Gunsenheimer „Zum grünen Wald"** – In ruhiger Ortsrandlage. Rustikale Gasträume. Gepflegte, familiäre Atmosphäre. Gutbürgerliche, ausgewählte Speisen aus eigener Schlachtung und ein guter Frankenwein oder ein Bier vom Fass verwöhnen den Gast. Untere bis mittlere Preislage. – *Ru = Di.*

Rödental-Waldsachsen - Neuhof - Coburger Forst - Spittelstein - Neershof - Waldsachsen

Weg und Zeit - 10 km - 2½ Stdn.
Charakteristik - Geruhsame Wanderung zum Entspannen und Erholen durch abwechslungsreiche Natur. Empfehlenswerte Ergänzung zum Besuch der *Porzellanfabrik Goebel* in *Rödental.*
Anfahrt - B 4 von *Coburg* Ri *Unterlauter,* re Ri *Esbach, Rödental,* in *Dörfles* re nach *Waldsachsen.* - B 303, Abf. bei *Sonnefeld,* über *Kleingarnstadt* Ri *Rödental,* dann 2 km nach *Waldsachsen.*
Parken - Wander-P beim *Neuhofer See.* Bei der *Gaststätte Jägersruh* in *Waldsachsen.*

● **Gaststätte Jägersruh** - Sympathischer Landgasthof mit ungezwungener familiärer Atmosphäre. Die gute Küche bietet eine kleine Auswahl an bekannten Gerichten an: Verschiedene Schnitzelvariationen, ein köstlicher Grillteller, knackige Salate, herzhafte fränkische Brotzeiten. Untere Preise. - *Ru = Mo.*

● **Der Rundweg** - Vom Wander-P am *Neuhofer See* (von *Waldsachsen* 2 km Ri *Neuhof/Neershof*) in der Straßenkurve mit
MA *[Blauem Kreuz/Blauem Punkt]* re in den Wald hinein. Nach 200 m spitze Gabelung, halb li. 100 m nach Waldende Feldweg
OM *ohne Markierung* re. Im Weiler *Neuhof Lahmstr* am See entlang.
MA *Am Mühlteich* mit *[RW 1],* re um den See herum. Leicht aufw, oben ger in den Wald. Bei gr Waldkreuzung nach 5 Min im Wald halb re aufw mit *[1].* Beim Wander-P vor der Fahrstr auf schmalem Waldweg li. Steil aufw durch den Wald. Oben Querweg re. Bei Einmündung auf breiten Forstweg halb re weiter. Nächster
OM Querweg li. Nach 5 Min *ohne Markierung* ger weiter auf Forstweg bleiben. An Gabelung bei Ruhebank halb re. Nach ca. ½ Std Fahrstr ger überqueren und auf Feldweg am Waldrand entlang. Querweg auf freiem Feld li. In Rechtsbogen abw, unten an der Fahrstr li nach *Spittelstein.* Nach der Bushaltestelle *Bergfeld* li.
MA Oben Querstr re. Mit *[Blauem Punkt/Blauem Kreuz]* auf Feldweg ger aus dem Ort hinaus. Fahrstr 10 m li, dann re am Waldrand entlang. In *Neershof* nach ca. 200 m zwischen zwei Gärten Abzweigung re und auf Wiesenweg aus dem Ort hinaus. Jetzt re über Bachbrücke und durch den Wald wie auf Hinweg zurück zum Wander-P und weiter zur Einkehr in der *Gaststätte Jägersruh.*

● **Porzellanfabrik Goebel in Rödental** - Die 1871 gegründete Fabrik ist die Geburtsstätte der weltberühmten *Hummel-Figuren.* In den Ausstellungsräumen kann der Besucher erleben, wie eine Figur entsteht. Filme informieren über die kunsthandwerkliche Fertigung und über das Leben der *Franziskanerin Maria Innocentia Hummel. - ÖZ: Ausstellung Mo-Fr 9-17 Uhr, Sa 9-12 Uhr, Werksverkauf Mo-Fr 9-18 Uhr, Sa 9-12 Uhr.*

zur Porzellanfabrik Goebel/Rödental
"Jägersruh"
Einberg
Wanderparkplatz
Neuhofer See
Wald-
sachsen
Mönchröden
Neuhofer
See
Neuhof
Lützel-
buch
Spittelstein
Coburger
Neershof
Kipfendorf
Forst
N
Rohrbach
Blumenrod

Coburg – Historischer Stadtrundgang

Weg und Zeit – ca. 4 km – 2(–3) Stdn.
Charakteristik – *Coburg* ist inmitten einer geschichtsträchtigen Landschaft ein besonderes Kleinod, überragt von seiner mächtigen *Veste.* Das Stadtbild wird geprägt durch Schlösser, Kirchen, Bürger- und Fachwerkhäuser sowie Parkanlagen.
Anfahrt – B 4 von *Bamberg.* – B 303 *Schweinfurt – Kronach,* Abzw. südl. von *Coburg.* – B 289/B 4 von *Lichtenfels.*
Parken – (P) *Judengasse* o. am *Landestheater.*
● **Der Rundgang** – Vom (P) *Judengasse* ger zum *Marktplatz.* Dominierendes Gebäude an der Südseite des *Marktplatzes* ist das **(1) Rathaus.** Kunsthistorisch bedeutsamer Teil ist der Erker an der Ecke zur *Ketschengasse.* Er entstand 1578 und ging als *„Coburger Erker“* in die Baugeschichte ein. Der Rathaussaal im 2. Obergeschoss ist der bedeutendste vollständig erhalten gebliebene Renaissanceraum dieser Art in ganz Deutschland (Besichtigung außerhalb der Sitzungszeiten möglich). An der Ostseite des Platzes, direkt an der Einmündung zur *Steingasse,* steht die *Hofapotheke.* Gotischer Bau (bereits um 1400 erwähnt) mit *Maria mit dem Kind* und einem *Christophorus* aus der *Riemenschneiderschule.* Die ganze Nordseite nimmt das **(2) Stadthaus** ein. 1597 als Regierungsgebäude der *Coburger Herzöge* errichtet (heute Stadtverwaltung), zeigt es die prächtigste Spätrenaissance-Fassade der Stadt mit zwei *„Coburger Erkern“* an den Schmalseiten. Die Mitte des *Marktplatzes* schmückt das *Denkmal des Coburger Prinzen Albert* (1819–1861), Prinzgemahl von *Queen Victoria von England.* An der Westseite des *Marktplatzes* ist ein Blick in die *Judengasse* und auf das *Judentor* (Stadttor 1250) lohnenswert. An der Südwestseite des *Marktplatzes* **(3) ehem. Bürgerhaus**, die heutige Sparkasse, mit prächtiger Rokokofassade. – Über die *Ketschengasse* kommt man zum *Münzmeisterhaus,* einem der ältesten Fachwerkhäuser Deutschlands (begonnen 1333). Durch das Portal des Hauses über die *Neugasse* zum *Kirchhof.* Hier steht das *älteste Steinhaus (Neue Gasse Nr. 1)* der Stadt aus dem 12. Jh. – An der Ecke *Neugasse/Kirchhof* der bedeutendste Renaissancebau *Coburgs,* das **(4) Gymnasium Casimirianum** (1605) mit Glockenturm und dem Standbild des Schulstifters *Herzog Johann Casimir.* Gegenüber die ev. Hauptkirche **(5) St. Moriz** (1320–1586), das Wahrzeichen der Stadt mit ihren ungleichen Türmen. Am Hauptportal wertvolle Steinfiguren. Im Chorraum ein 13 m hohes prunkvolles Renaissance-Grabmal des *Herzogs Johann Friedrich II.* aus Alabaster. Im Seitenschiff die Gedenktafel für *Martin Luther,* der 1530 hier predigte. – Hinter dem Kirchenschiff in der *Unteren Anlage* Reste der Stadtbefestigung. – Nun zurück zur *Steingasse,* diese überqueren, an der Einmündung zur *Rückertstr* ein steinerner *Kastenbrunnen* mit dem heili-

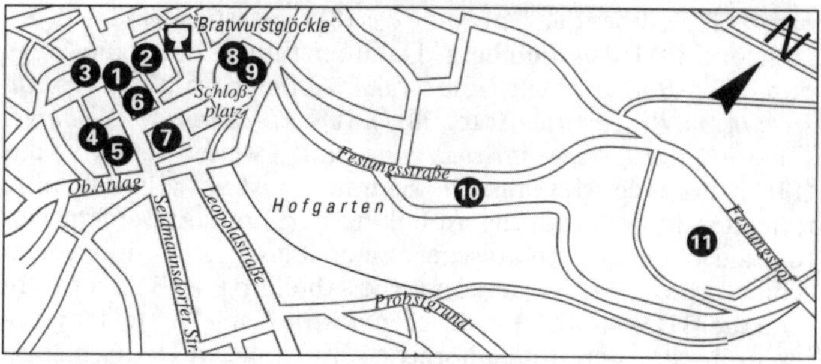

gen *Mauritius,* der zur *Morizkirche* aufzublicken scheint. In unmittelbarer Nachbarschaft das sehenswerte **(6) Coburger Puppenmuseum** - (*ÖZ: April-Okt. tägl. 9–17 Uhr, Nov. - März Di–So 10–17 Uhr).* Eine Gedenktafel am Eingang des Hauses erinnert daran, daß der Dichter *Friedrich Rückert* von 1820 bis 1826 hier wohnte. - Weiter geht es zum *Schloßplatz,* der von dem prächtigen dreiflügeligen **(7) Schloss Ehrenburg** (erb. nach einem Brand ab 1690) geprägt wird. 1810 erstellten *K. E. Schinkel* und *A. Renié-Grétry* den neugot. Silberbau. Sehenswert sind die Innenräume: *Schlosskirche, Markgrafenkirche, Prunkräume* (17.–19. Jh.), *Landesbibliothek* mit wertvollen Werken aus der Vergangenheit *Co-*

burgs. Gegenüber der *Ehrenburg* das **(8) Landestheater** (1850), angrenzend **(9) Palais Edinburg.** Dahinter führen bequeme Wege durch den *Hofgarten* zur *Veste* hinauf. Auf halbem Weg das *Mausoleum im Rosengarten* (erb. 1817), das *Ehrenmal des Coburger Convents,* der *Herzog-Alfred-Brunnen* und - weiter westlich - das **(10) Naturkunde-Museum.** Die Sammlung ist vor allem für ihre umfassende tierkundliche Abteilung berühmt. Außerdem verfügt sie über eine botanische, mineralogische, ur- und vorgeschichtliche sowie völkerkundliche Abteilung. - Bald erreicht man die **(11) Veste Coburg**, die *„Fränkische Krone",* eine der größten und schönsten mittelalterlichen Burganlagen Deutschlands. Sehenswert sind im Fürstenbau die Wohn- und Repräsentationsräume der Herzöge aus der Zeit von 1500 bis zur Gegenwart sowie Kunstsammlungen (u. a. Werke von *Cranach, Dürer, Rembrandt)* und die *Luther-Gedenkstätte.* - Von der Festungsmauer großartiger Rundblick. - Durch den *Schlosspark* zurück ins Zentrum und zum
● **Gasthaus Bratwurstglöckle** - Das zentral gelegene Restaurant bietet in urgemütlichen Räumen gutbürgerliche regionale Speisen. Tägl. frische Fischgerichte. Bier vom Fass, offene Weine. Mittlere Preise. - *Kein Ru.*

Coburg-Lützelbuch - Neershof - Schloss Neuhof - Lützelbuch

Weg und Zeit - 10 km - gut 2½ Stdn.
Charakteristik - Weite Wiesen und Felder, eine idyllische Teichlandschaft und ein ehemaliges Wasserschloss vemitteln auf dieser Rundwanderung am Fuße der *Veste Coburg* unvergessliche Eindrücke.
Anfahrt - Von *Coburg.* - B 303, Abzweigung *Grub a. Forst - Rohrbach.*
Parken - P *Gasthof-Metzgerei Fink.*
● **Der Rundweg** - Vom *Gasthof Fink* Ri *Rögen*, Abzweigung re, *Am Achatfelsen* re, Kreuzung li auf befestigtem Feldweg, li Ri
MA *Oberfüllbach.* Der Fußweg führt li an der Landstr entlang zum *Coburger Forst.* Mit *[1]* auf breitem Weg durch herrlichen Wald, Brunnen (1923) mit Rastplatz. Ein Kuriosum ist der am Rastplatz gelegene kleine Teich mit einem prächtigen Bestand an - Goldfischen! *[1]* folgen nach **Neershof**. Hier *Lahmstr* abw bis zur Hauptstr. Mit dem *Mühlteich* beginnt eine idyllische Teichland-
MW schaft, bei Anglern als das Nonplusultra bekannt. Str überqueren, versetzt ger, mit *[Blauem Punkt/Blauem Kreuz]* weiter. Li über eine Wiese zum Steg, der ein Bächlein überbrückt. Schö-

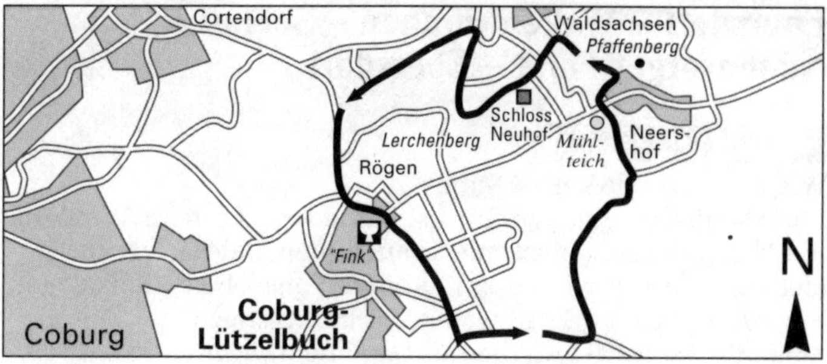

ner Birkenwald mit altem Baumbestand. Aus Waldeshöhe kommend, zweigt die *Markierung* li ab, am *Mühlteich* entlang ger auf Asphaltstr bis zum *Schloss Neuhof.*

● **Schloss Neuhof** – Das ehemalige Wasserschloss ist ein alter Ritter- und Adelssitz. Ein Park umschließt das Anwesen. Bedeutendster Schlossherr war der preußische Staatsmann und Heeresreformer *Albrecht Graf von Roon* (19. Jh.).

● **Fortsetzung Rundweg** – Ca. 500 m zurück, li auf einen Feldweg, Markierung *[Blauer Punkt/Blaues Kreuz].* Von hier schöner Rundblick über Feld, Flur und nahe gelegene Ortschaften. *Z* folgen bis zur Landstr, Abzweigung li, *ohne Markierung* zurück zum *OM*

● **Gasthof-Metzgerei Fink** - Hier erwarten den Wanderer gemütliche Gasträume, in denen er sich aus der hauseigenen Metzgerei und mit original thüringisch-fränkischen Schmankerln verwöhnen lassen kann. Mit komfortablen, stilvoll eingerichteten Gästezimmern. Guter Ausgangspunkt für die nahe gelegene Stadt *Coburg* und für viele herrliche Wanderungen im *Coburger Land.* Mittlere Preislage. - *Ru = Mo.*

Ebersdorf – Wallenbrunnen – Seehof – Neuensorger Forst – Ebersdorf

Weg und Zeit – 16 km – 4 Stdn.
Charakteristik – Ein gemütlicher Rundweg, der dem Wanderer das Naherholungsgebiet mit Schutzhütten, Teichen, Naturlehrpfaden, Feuchtbiotopen im großen Forstgebiet südlich von *Ebersdorf* erschließt. Nur wenige leichte Anstiege.
Anfahrt – An B 303 zwischen *Coburg* und *Mitwitz.*
Parken – Gäste-P Landgasthof *Goldener Stern.*

● **Ebersdorf** – Am Rande eines ausgedehnten Waldgebietes liegt diese kleine Gemeinde, die mit den eingemeindeten Ortsteilen 6300 Einwohner zählt. Gergründet um 1200 als Rodesiedlung durch *Graf Eberhard von Sonnenberg.* 1260 wurde hier ein Nonnenkloster erbaut. Früher war der Ort Zentrum der Weißbüttnerei. Heute beherbergt es eine bedeutende Polstermöbelindustrie. Sehenswert im Ortsteil *Großgarnstadt* das mustergültig renovierte 300 Jahre alte *Wankhaus* und die Dorfkirche mit reichen Innenraummalereien.

● **Der Rundweg** – Gegenüber dem *Goldenen Stern* auf der *Herrngasse* Ri *Sportanlagen.* Bahn überqueren, nach Bahnübergang li. Nach den Sportanlagen an Mehrfachgabelung bei Wan-
MA der-P mit *[Eichhörnchen]* re und vorbei an der Tennisanlage. Nach 10 Min steil abw in den Wald, über eine kleine Holzbrücke
MW und weiter auf Waldlehrpfad. Bei Wander-P mit *[Pilz]* li, *Ww [Wallenbrunnen].* An Gabelung nach kleinem Teich ger auf asphaltierter Fahrstr. Bei nächster Gabelung mit *[Pilz]* und *[Linde]* re, *Ww [Wallenbrunnen].* Querweg halb li. Achtung: nach 30 m re mit *[Linde], Ww [Wallenbrunnen].* Leichter Abstieg durch den Wald, durch ein Bachtal wieder aufw. Bei Einmündung auf breitem Forstweg weiter ger. Nach ca. 5 Min erreicht der Wanderer im Wald den *Wallenbrunnen* mit liebevoll angelegtem Rastplatz und Schutzhütte. Weiter mit *[Linde]* leicht aufw. Nach kleiner Steigung oben Linksbogen. Weiter auf Forstweg mit *[RW 4-Brunnen/Linde/Fichte].* Nach ca. 10 Min bei gr Waldkreuzung mit *[Fichte]* li. Nach 50 m an Gabelung ger. Bei nächster Kreuzung nicht mehr der Markierung *[Fichte]* folgen,
OM sondern *ohne Markierung* ger. Gabelung nach knapp 10 Min halb
MA li, verwitterte Markierung *[E].* Jetzt immer auf diesem Forstweg ger. Nach ca. 20 Min in scharfer Linkskurve nicht dem *[E]* Ri *Frohnlach* folgen, sondern ger auf Waldweg mit schlecht erkenn-
MW barer Markierung *[F].* Auf Hohlweg abw in ein Tal. Im Tal unter
OM der Bahnlinie hindurch. Fahrstr bei den Häusern *ohne Markierung* re, an Gabelung nach der Bachbrücke an der Str nach *Schney* re aufw. Vorbei an Fischteichen, nach 200 m Abzweigung
MA li Ri *Neuensorg.* Bei der *Fischzucht Seehof* mit *[RW Forelle]* auf

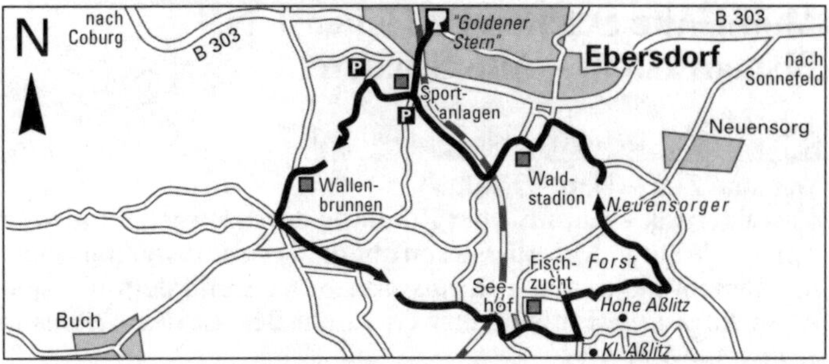

breitem Forstweg re in den *Neuensorger Forst* hinein. Nach ca. 15 Min *ohne Markierung* breiter Querweg li, (an dieser Stelle OM
geht es scharf re zum *Michelauer Keller*). Nach gut 5 Min an nächster Kreuzung re. Der Weg schlängelt sich jetzt unterhalb der *Hohen Aßlitz* durch den Mischwald. Bei der nächsten gr Kreuzung, ca. 200 m vor der Landstr, scharf li abw. Nach 20 Min gr Kreuzung im Wald mit *[Gelbem Kreis]* ger überqueren, *[Rad-* MA
weg Neuensorg]. Vorbei an mehreren Feuchtbiotopen und kleinen Teichen. Bei mehreren Abzweigungen dem Zeichen *[Rad-* MW
weg Frohnlach] folgen. Kurz vor *Frohnlach* halb li aus dem Wald heraus. Am Waldrand halb re abw. Unten Fahrstr *ohne Markie-* OM
rung li. Nach Naherholungsgebiet mit Teich ger auf Fahrstr. Nächste gr Kreuzung li. Vor dem *Waldstadion* re. Nach dem Stadion li, Bahnlinie überqueren und gleich nach der Bahnbrücke re. Jetzt ger zum Wander-P bei den Sportanlagen und von dort wie auf dem Hinweg zurück nach *Ebersdorf* und zum

● **Landgasthof Goldener Stern** – Gepflegtes Haus mit komfortablen Gästezimmern, stilvollen Gasträumen und schönem Biergarten. Gehobene gutbürgerliche Küche mit fränkischen Akzenten. Fein zubereitete Fische aus eigenen Bassins, köstliche Wild- und Lammgerichte, deftiges fränkisches Schäuferla. Fleisch- und Wurstspezialitäten aus eigener Schlachtung. Mittlere Preise. – *Ru = Mo.*

Ahorn/Alte Schäferei - Hohenstein - Bismarckstein - Alte Schäferei

Weg und Zeit - 7 km - 2 Stdn.
Charakteristik - Gemütlicher Rundweg durch ausgedehnte Wiesen und Wälder. Mit Ausblicken auf die *Veste Coburg* und *Ahorn* mit seinem malerischen *Renaissance-Schloss* und dem fünfspitzigen *Kirchturm.* Empfehlenswert ist ein Besuch des *Gerätemuseums Alte Schäferei.*
Anfahrt - Von *Coburg* nach *Ahorn* über B 303 zur *Alten Schäferei.* - B 303, bei *Ahorn* Abzw. *Alte Schäferei.*
Parken - Gr Wander-P an der *Alten Schäferei.*

MA ● **Der Rundweg** - Von der *Alten Schäferei* mit *LM [5]* zunächst
MW auf dem *Amtsbotenweg [Blauer Helm].* Schöner Weg mit herrlichem Ausblick auf die *Veste Coburg* und die prachtvolle Um-
MW gebung. Ger *[5]* folgen *([Blauer Helm]* zweigt re ab!), re auf Landstr, vorbei an *Schloss Hohenstein* (Privatbesitz, nicht zu besichtigen). Re, mit *[5]* durch eindrucksvolle Parkanlage, stets der *Markierung [5]* folgen (!). Am Reitplatz vorbei auf Landstr weiter. Am Gestüt ger. Vor Ortsende *Hohenstein* Abzweigung li mit *[5] (Markierung* an der Reithalle!) in den Wald. Der romantische Weg führt vorbei an sehenswerten Felsen. An einem der Felsen ist eine Denkschrift zu Ehren *Fürst Bismarcks* in Stein gehauen. Mit der *[5]* weiter bis zur *Alten Schäferei.* Hier bietet sich ein Rundgang an durch die ehemalige *Gutsschäferei* aus dem Jahre 1713. Der vollständig erhaltene Gebäudekomplex ist ein hervorragendes Beispiel für einen gutsherrschaftlichen Viehzuchtbetrieb seiner Zeit. Neben dem *Gerätemuseum* die

● **Schäferstuben** - Sie sind bekannt für eine deftige fränkische Brotzeit. Auch Kaffee und Kuchen. Bei schönem Wetter Sitzmöglichkeiten im Freien. Untere bis mittlere Preise. *ÖZ* für *Museum: April-Okt. Di-So 14-17 Uhr. Nov.-März So 14-17 Uhr. - ÖZ* für *Schäferstuben: Di-So 14-22 Uhr.*

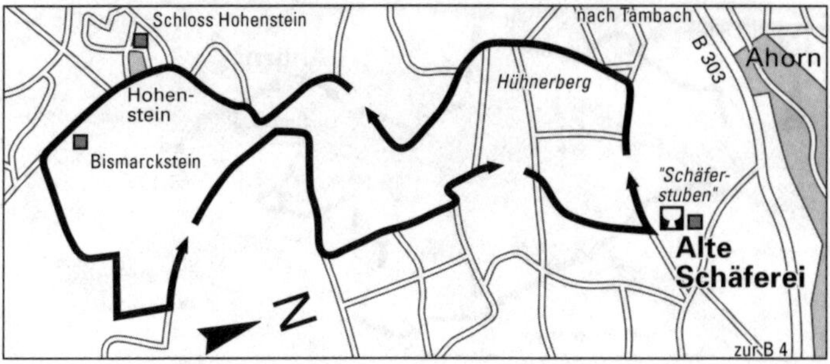

Ahorn - Krebsmühle - Eicha - Amtsbotenweg - Alte Schäferei - Ahorn

Weg und Zeit - 15 km - 3¾ Stdn.
Charakteristik - Keine spektakulären Sehenswürdigkeiten, sondern der natürliche Liebreiz der sanften *fränkischen Hügellandschaft* macht diese Wanderung zu einem besonderen Erlebnis. Großartige Aussichten. Festes Schuhwerk erforderlich.
Anfahrt - Wie S. 160.
Parken - Gäste-Ⓟ bei der *Sportgaststätte Ahorn.*
● **Der Rundweg** - Von den Sportanlagen *Schulstr, Hauptstr* li leicht abw. 1. Abzweigung vor Haus Nr. 22 re, *Ringstr, Rennweg* ger, *Fichtenweg* li. Am Ortsende auf *[Coburger Rundweg], [C],* *MA*
ger in den Wald. An Gabelung nach 100 m halb li. Achtung: An nächster Gabelung nach ca. 150 m *ohne Markierung* li auf Feld- *OM*
weg am Waldrand entlang. Nach 20 Min Querweg im Wald halb li. Am Waldende scharf re am Waldrand entlang. 200 m nach gr Strommast Kreuzung auf freiem Feld mit *[Gelb-Rot]* li. Str *MA*
überqueren und auf schwer erkennbarem Grasweg über das Feld. Li um einen kleinen Teich herum und auf Wiesenweg durch herrliches Tal. Vor Hochsitz re kleinen Bach überqueren und gut ausgeschildert durch ein Waldstück. Vorbei an der

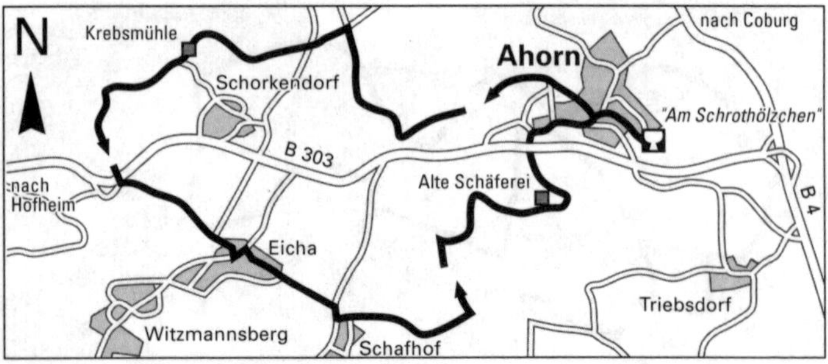

Krebsmühle, am gegenüberliegenden Waldrand aufw und weiter am Waldrand entlang. Nach Klärbecken am Waldrand li. Achtung: Nach 200 m scharf re sehr steil abw. Im Tal li. B 303 ger
OM überqueren. Jetzt *ohne Markierung* am Waldrand entlang bis in die Ortschaft **Eicha**. *Eichenstr* kurz li, nach 50 m *Kastanienallee* re. Aus dem Dorf hinaus und an der Fahrstr bis nach **Schafhof**.
MA Im Ort 1. Abzweigung *Neuhauser Str* li und auf dem *[Amtsbotenweg]* über Wiesen, Felder und kleine Waldstücke vorbei an der *Alten Schäferei* (s. S. 160) zurück nach *Ahorn*.

● **Sportgaststätte und Waldrestaurant „Am Schrothölzchen"** - Beliebte Gaststätte mit rustikalen Gasträumen und überdachter Terrasse. Ungezwungene Atmosphäre. Gutbürgerliche Küche mit lecker zubereiteten Schnitzeln, saftigen Braten, knackigen Salaten und herzhaften Brotzeiten. Hausspezialität sind die 10 verschiedenen pikanten Pizzavariationen. Mittlere Preise. - *Ru = Mo.*

Weidach - Hergramsdorf - Altenhof - Tambach - Dreilöcherstein - Weidach

Weg und Zeit - 14 km - ca. 3¾ Stdn.

Charakteristik - Eine wildromantische Wanderung durch Stille und Einsamkeit *Fränkischer Wälder* zum *Schloss Tambach* und zum *Wildpark*.

Anfahrt - B 303 *Coburg-Schweinfurt*, Abzw. in *Tambach*, über *Weitramsdorf* nach *Weidach*. - Von *Coburg*.

Parken - Gäste-P beim *Hotel-Gasthof „Grüner Baum"*.

● **Weidach - Hergramsdorf - Altenhof** - 1¼ Stdn - Vom *„Grünen*
OM *Baum" unmarkiert Coburger Str* Ri *Weitramsdorf, Margaretenweg* li, Abzw. *Häslichweg* re, ger am Waldrand entlang, ger mit
MA *[4]*. Am *Blankenkopf* Gabelung re, schöner Rundblick. An
OM Gabelung li, dann re, *[4]*, Waldrandweg. *Ohne Markierung* re, an Gabelung li, nächste Gabelung re auf Grasweg, re, 20 m aufw, li durch Schonung, dann li. Am Feld ger bis Landstr, nach

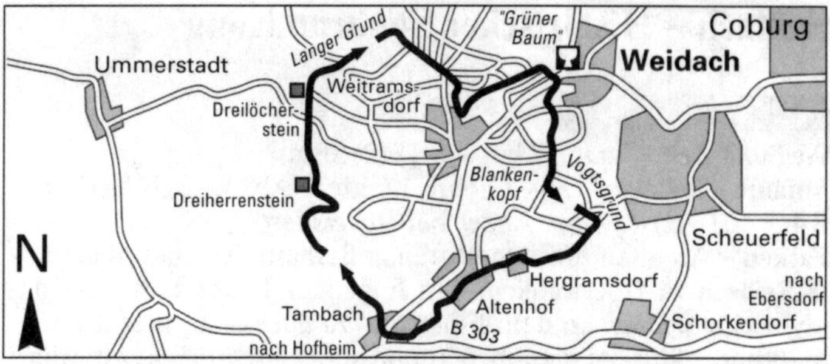

50 m Abzw. re, mit *[Blauem Kreuz]* über *Hergramsdorf*, nach *Altenhof.* *MA*

● **Altenhof – Tambach – Weidach** – 2½ Stdn – Z über *Altenhof* nach *Tambach* bis *Schlossallee.* Linker Hand liegt *Schloss Tambach,* ein prächtiger Barockbau, erb. um 1700 von *L. Dientzenhofer* für die *Langheimer Äbte.* Erweiterung mit *Schlosskapelle.* Ein *Wild- und Erholungspark* schließt sich an (ganzjährig geöffnet). Gegenüber dem Schloss weiter mit *[Rot-Gelb-Rot]* Ri Schießstand aufw, oben ger (!) *unmarkiert,* an Gabelung li mit *[5],* Schotterweg steil aufw, re, Kreuzung li (!). Nach 100 m aufw mit *[3, 4, 5],* Abzw. re (!), *Z* folgen am *ND Dreiherrenstein* entlang. Kl Pfad durch Wiese, Heide und Wald. An Gabelung li, Asphaltweg am Grenzstein (1918) überqueren und *Z [3,4]* ger folgen bis *Dreilöcherstein* (Abstecher li zum hist. Grenzverlauf der ehem. DDR möglich). *Ohne Markierung* li auf befestigtem Weg, dann Grasweg bis Landstr, Abzweigung re Ri *Weidach,* dann li Ri *Naturfreundeheim*, re, und an Gabelung wieder re. Am Sportplatz li *[Rot-Gelb-Rot]* folgen bis zum *MW* *OM* *OM* *MA* *OM* *MA*

● **Hotel-Gasthof „Grüner Baum"** – Zentrale Lage. Behagliche Zimmer. Gemütliche Gasträume. In gepflegter Atmosphäre wird gutbürgerliche Küche mit regionalen Gerichten und deftigen Brotzeiten angeboten. Untere Preislage. – *Ru = Do.*

Seßlach - Historischer Stadtrundgang

Weg und Zeit - knapp 2 km - 1-1½ (2) Stdn.
Anfahrt - B 4 *Bamberg - Coburg*, mehrere Abzw. nach *Seßlach*. - B 4/B 303 von *Coburg*, Abzw. bei *Dietersdorf.*
Parken - An allen drei Stadttoren außerhalb der Stadtmauer.

● **Seßlach in Oberfranken** - In hügeliger Landschaft liegt das idyllische *Seßlach* an dem Flüsschen *Rodach*. Das altertümliche Stadtbild zählt zu den bedeutendsten *Oberfrankens,* bewahrt durch die noch vollkommen erhaltene Wehrmauer, bekannt als *„oberfränkisches Rothenburg"*. 1986/87 wurde die Stadt Landes- und Bundessieger für beispielhafte Stadtsanierung.

● **Aus der Geschichte** - Im Jahre 800 erstmals urkundlich erwähnt. *Graf Assis,* reicher Grundherr von *Seßlach*, war ein Enkel *Karls des Großen*. Der damalige Name *„Seza-lacha" (*auch *„Sezze-lacha")* wird als *„Sitz am Wasser"* gedeutet. *Seßlach ist* eine der ältesten Gemeinden im *Coburger Land*.

● **Der Rundgang** - Er beginnt am **Kirchplatz (1).** Die *kath. Pfarrkirche St. Johannes* wurde im 15. Jh. unter Verwendung älterer Fundamente erbaut. Turmobergeschoss aus dem 16. Jh., im 18. Jh. Barockisierung des Langhauses. Im 19. Jh. Purisierung mit Veränderung der Ausstattung. Erhalten sind jedoch der *Marienaltar* (13. Jh.) und Teile der Seitenaltäre sowie reiche Stukkaturen und Epitaphe (16. Jh.). Ebenfalls am *Kirchplatz* das alte *Schulhaus* mit prunkvollem Renaissanceportal. An der Ecke zum **Marktplatz (2)** das ehemalige *Pflasterzollhaus* (1600–1879). Am *Rathaus,* einem schmucken Fachwerkbau des 16. Jh., vorbei zum **Maximiliansplatz (3)**. *Haus Nr. 104* ist das *ehem. Fürstbischöfliche Amtshaus* (1715), in dem *Friedrich Rückert* während der Sommermonate 1807/08 wohnte. Von hier hat man einen schönen Blick auf einen der Wehrtürme mit Storchennest (wegen Nahrungsmangel leider nicht mehr bewohnt). Vom *Maximiliansplatz* zum **Rothenberger Tor (4)** (begehbar vom 1. 4.–15. 10.): Ehemalige Kasematten mit wehrhaft verriegelten Türen (einstmals die Gefängnisräume - heute Ausstellungsräume). Vor der steinernen *Bogenbrücke* mit der Statue des *Hl. Nepomuk* li an der alten historischen *Stadtmauer* und an dem früher mit Wasser gefüllten Stadtgraben entlang zum **Geiersberger Tor (5).** Durch das Tor in die *Luitpoldstr.* Lohnenswerte Abstecher in die *Badstubengasse* und *Judengasse* mit hübschen Fachwerkhäusern und weinberankten Fassaden. Mit *Luitpoldstr* ger zum **Heimatmuseum (6)** (Gerätschaften, Trachten und Möbel. *ÖZ: Sonn- und Feiertage 15–16 Uhr*). Durch das **Hattersdorfer Tor (7)** (16. Jh. - ebenfalls begehbar) Abstecher zur **Kapelle Heilig Kreuz (8)** (um 1708, Vespergruppe 14. Jh.). Zurück über den *Marktplatz,* endet der Rundgang durch dieses malerische mittelalterliche Städtchen

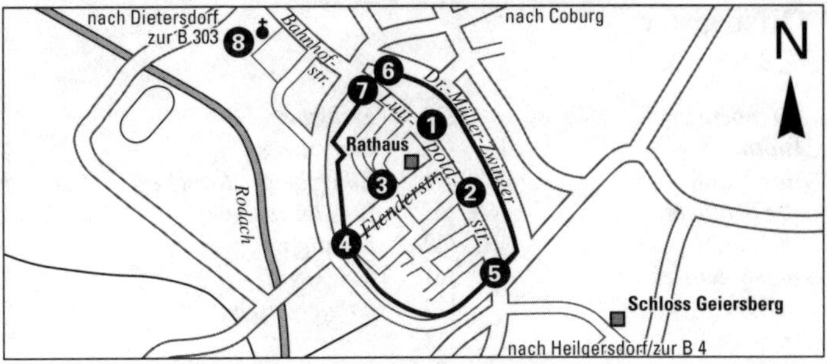

am *Hohen Haus, Maximiliansplatz 99.* Der gotische Fachwerkbau (um 1350) erhielt seinen Namen wegen des hohen Giebels und ist derzeit vom *Bistum Würzburg* verpachtet.

Im *Haus Nr. 95* am Maximiliansplatz befindet sich der *Landgasthof Roter Ochsen*, die ehem. Schenkstätte des Domprobstenhofes.

● **Landgasthof Roter Ochse** – Zentral gelegener Gasthof mit behaglichen Komfortzimmern. Rustikale Gasträume und Biergarten mit Spielplatz. Gutbürgerliche fränkische Küche mit Spezialitäten wie Haxen, Wild, Ente und tägl. Braten mit Thüringer Klößen. Auch Vesper. Mittl. Preise. – *Ru = Mo u. Do.*

Ortsregister

Register der Gasthöfe, Hotels und Restaurants

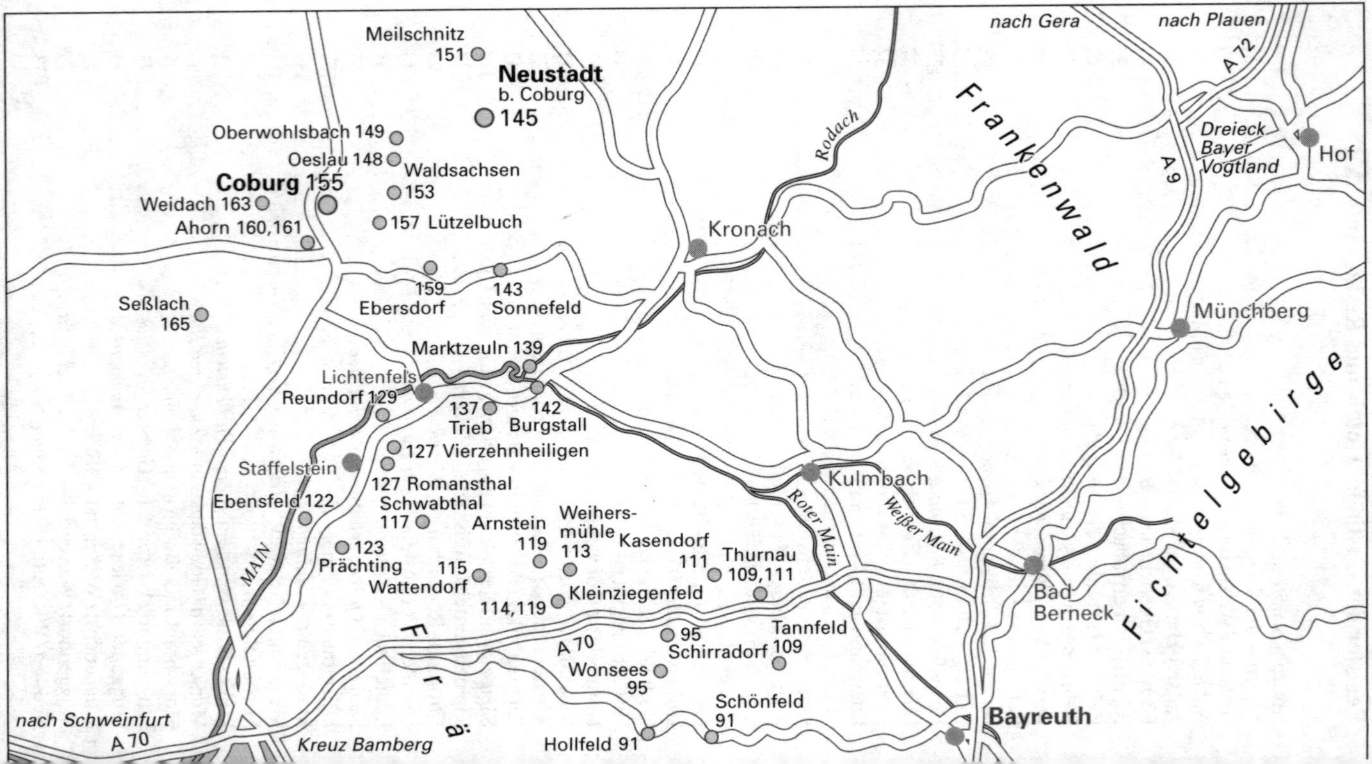

Meilschnitz 151
Neustadt b. Coburg 145
Oberwohlsbach 149
Oeslau 148
Waldsachsen 153
Coburg 155
Weidach 163
Ahorn 160,161
157 Lützelbuch
159 Ebersdorf
143 Sonnefeld
Seßlach 165
Kronach
Rodach
Frankenwald
nach Gera
nach Plauen
A 72
A 9
Dreieck Bayer Vogtland
Hof
Münchberg
Fichtelgebirge
Marktzeuln 139
Lichtenfels
Reundorf 129
137 Trieb
142 Burgstall
127 Vierzehnheiligen
Staffelstein
127 Romansthal
Ebensfeld 122
Schwabthal 117
Arnstein 119
Weihersmühle 113
Kasendorf 111
Thurnau 109,111
Kulmbach
Roter Main
Weißer Main
Bad Berneck
123 Prächting
115 Wattendorf
114,119 Kleinziegenfeld
MAIN
95 Schirradorf
Tannfeld 109
A 70
Wonsees 95
Schönfeld 91
Hollfeld 91
Bayreuth
Fr ä
nach Schweinfurt
A 70
Kreuz Bamberg

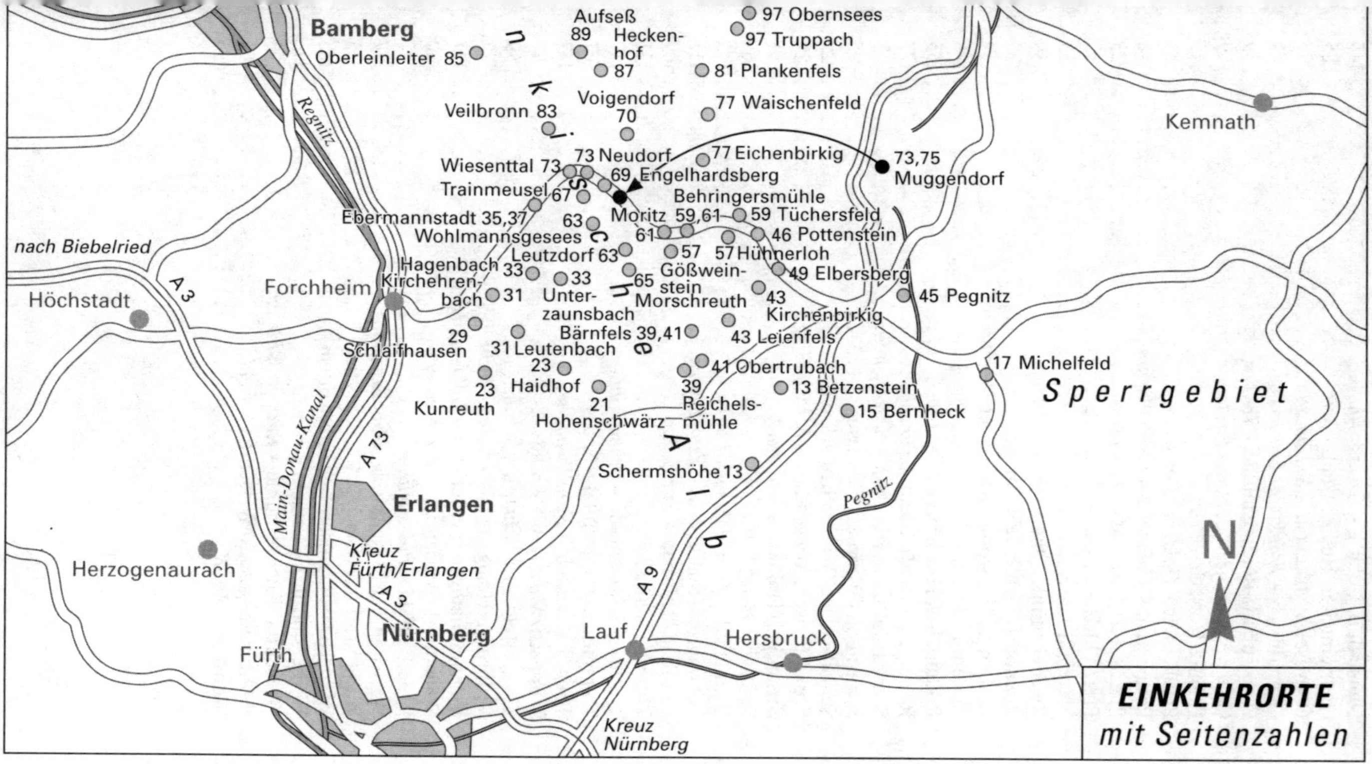

EINKEHRORTE
mit Seitenzahlen
Bamberg
Oberleinleiter 85
Aufseß 89
Hecken-hof 87
97 Obernsees
97 Truppach
81 Plankenfels
77 Waischenfeld
Voigendorf 70
Veilbronn 83
Kemnath
Wiesenttal 73
73 Neudorf
69 Engelhardsberg
77 Eichenbirkig
73,75 Muggendorf
Trainmeusel 67
Behringersmühle
Moritz 59,61
59 Tüchersfeld
Ebermannstadt 35,37
63
Wohlmannsgesees
61
46 Pottenstein
Leutzdorf 63
57
57 Hühnerloh
49 Elbersberg
Hagenbach 33
33
65
Gößwein-stein
45 Pegnitz
Kirchehren-bach 31
Unter-zaunsbach
Morschreuth
43
Kirchenbirkig
29
Bärnfels 39,41
43 Leienfels
Schlaifhausen
31 Leutenbach
41 Obertrubach
17 Michelfeld
23
23
Haidhof
39
13 Betzenstein
Kunreuth
21
Hohenschwärz
Reichels-mühle
15 Bernheck
Schermshöhe 13
Sperrgebiet
Fränkische Alb
nach Biebelried
Höchstadt
A 3
Forchheim
Regnitz
Main-Donau-Kanal
A 73
Erlangen
Herzogenaurach
Kreuz Fürth/Erlangen
A 3
Nürnberg
Fürth
Lauf
A 9
Hersbruck
Pegnitz
Kreuz Nürnberg
N